La Economía Circular en Valladolid, España

Tanto este documento, así como cualquier dato y cualquier mapa que se incluya en él, se entenderán sin perjuicio respecto al estatus o la soberanía de cualquier territorio, a la delimitación de fronteras y límites internacionales, ni al nombre de cualquier territorio, ciudad o área.

Por favor, cite esta publicación de la siguiente manera:
OECD (2022), *La Economía Circular en Valladolid, España*, OECD Publishing, Paris, https://doi.org/10.1787/34c34508-es.

ISBN 978-92-64-55839-7 (impresa)
ISBN 978-92-64-89246-0 (pdf)

Publicado originalmente por la OCDE en inglés con el título: OECD (2020), *The Circular Economy in Valladolid, Spain*, OECD Urban Studies, OECD Publishing, Paris, https://doi.org/10.1787/95b1d56e-en.

Traducido por el Ayuntamiento de Valladolid.

Las únicas versiones oficiales son los textos en inglés y/o francés. La calidad de la traducción y su coherencia con el texto original son responsabilidad exclusiva del Ayuntamiento de Valladolid.

Imágenes: Portada © Getty Images.

Las erratas de las publicaciones se encuentran en línea en: www.oecd.org/about/publishing/corrigenda.htm.
© OCDE 2022

El uso del contenido del presente trabajo, tanto en formato digital como impreso, se rige por los términos y condiciones que se encuentran disponibles en: https://www.oecd.org/termsandconditions.

Prefacio

Nos complace presentar los resultados de un diálogo de políticas de 18 meses con más de 50 partes interesadas para dar forma a una visión y una estrategia para una economía circular en la ciudad de Valladolid, España, como parte del Programa de la OCDE sobre la Economía Circular en Ciudades y Regiones.

Ante megatendencias como el crecimiento de la población en las ciudades, la urbanización y el cambio climático, la transición hacia una economía circular se está convirtiendo en un imperativo para que las ciudades de todos los tamaños reduzcan la presión sobre los recursos naturales, al tiempo que abordan las nuevas necesidades de infraestructuras, servicios y vivienda, e impulsan el crecimiento económico y la calidad medioambiental. Las ciudades y las regiones están en el centro del bienestar de los ciudadanos, en ámbitos como el transporte, los residuos sólidos, el agua o la energía.

Pasar de un sistema lineal de "tomar-hacer-desechar" a otro en el que se evite el desperdicio de recursos implica ir más allá de los aspectos exclusivamente técnicos y garantizar que se cumplan las condiciones de gobernanza y económicas. Para que la economía circular se materialice, es necesario alinear las políticas, involucrar a las partes interesadas y establecer marcos legales y reglamentarios que permitan la innovación.

Este informe resume los importantes hitos alcanzados hasta ahora. Su marco analítico sitúa a las personas, las empresas y los lugares en el centro del cambio hacia una economía circular. Presenta recomendaciones audaces y acciones concretas para que Valladolid actúe como promotor, facilitador y habilitador de esta transición. Ello requiere un liderazgo político y un compromiso con la transición hacia vías sostenibles, así como enfoques multisectoriales y de múltiples partes interesadas, y nuevos modelos de negocio.

Una parte importante del trabajo fue el diálogo de políticas de abajo hacia arriba e inclusivo, en el que cada grupo de interés pudo compartir experiencias, escuchar y aprender de los demás, y beneficiarse de la experiencia y la orientación de las ciudades homólogas y del equipo de la OCDE.

Aunque somos conscientes de que en Valladolid nos encontramos en el inicio de la transición de una economía lineal a una circular, la ciudad se compromete a poner en práctica estas recomendaciones y a darlas a conocer en nuestra comunidad y a nivel mundial. El Centro de la OCDE para el Emprendimiento, las PYMES, las Regiones y las Ciudades está dispuesto a apoyar a Valladolid en este empeño. Esto será aún más relevante tras la crisis de COVID-19, cuando las ciudades y las regiones se vean urgidas a reconsiderar el vínculo entre el medioambiente y la salud, a reflexionar sobre la desmaterialización de la economía y la sociedad y sobre los bucles de recursos circulares en respuesta a la hiperglobalización de los últimos años. El Programa de la OCDE sobre la Economía Circular en Ciudades y Regiones buscará más oportunidades, evidencias y recomendaciones para que la economía circular sea parte de la solución hacia sociedades más sanas, con menos desperdicio de recursos y conscientes del medioambiente.

Lamia Kamal-Chaoui
Directora, Centro para el Emprendimiento, PYMES, Regiones y Ciudades

Oscar Puente
Alcalde, Ciudad de Valladolid

Ayuntamiento de Valladolid

Prólogo

La economía circular consiste en evitar el desperdicio de recursos mediante la reutilización de materiales, la mejora del diseño para aumentar la durabilidad de los bienes y productos, y la transformación de los residuos.

Es probable que el crecimiento de la población, el cambio climático y la urbanización aumenten la presión sobre los recursos naturales, así como la demanda de nuevas infraestructuras, servicios y viviendas. En 2050 la población mundial alcanzará los 9.000 millones de personas, el 70% de las cuales vivirá en ciudades. Las ciudades representan casi dos tercios de la demanda energética mundial, producen hasta el 80% de las emisiones de gases de efecto invernadero y el 50% de los residuos mundiales.

Las ciudades y regiones desempeñan un papel fundamental en el cambio de una economía lineal a una circular, ya que son responsables de las decisiones clave en los servicios públicos locales, como el transporte, los residuos sólidos, el agua y la energía, que afectan al bienestar de los ciudadanos, al crecimiento económico y a la calidad medioambiental. En las ciudades y regiones, la economía circular debe garantizar que:

- Los *servicios* (por ejemplo, desde el agua hasta los residuos y la energía) se prestan evitando la generación de residuos, haciendo un uso eficiente de los recursos naturales como materias primas, optimizando su reutilización y permitiendo las sinergias entre sectores;
- Las *actividades económicas* se planifican y ejecutan de forma que se cierren, ralenticen y reduzcan los bucles en las cadenas de valor, y;
- La *infraestructura* se diseña y construye para evitar los bloqueos lineales, que utilizan los recursos de forma intensiva e ineficiente.

El Programa de la OCDE sobre la Economía Circular en Ciudades y Regiones fue diseñado para apoyar a los gobiernos nacionales y subnacionales en su transición hacia la economía circular a través de un análisis basado en la evidencia, diálogos con múltiples partes interesadas, recomendaciones a medida y planes de acción personalizados. El Programa se basa en un consorcio de ciudades y países que participan en diálogos entre iguales y en actividades de intercambio de conocimientos, como Glasgow (Reino Unido), Granada (España), Groningen (Países Bajos), Umeå (Suecia), Valladolid (España) e Irlanda.

Este informe resume las conclusiones de un diálogo de políticas de 18 meses con la ciudad de Valladolid (España) para desarrollar una visión de la transición hacia la economía circular y aprender de las mejores prácticas existentes. Desde 2017, la transición hacia la economía circular ha sido una prioridad política para Valladolid con el objetivo de crear nuevas oportunidades socioeconómicas, especialmente potenciando la innovación en las empresas. La ciudad fue una de las primeras firmantes de la *Declaración de Sevilla* junto a otros municipios españoles en 2017, y desarrolló una *Hoja de Ruta para la Economía Circular* en 2018. Específicamente, Valladolid ha concedido más de un millón de euros a 61 proyectos relacionados con la economía circular promovidos por empresas privadas, organizaciones sin ánimo de lucro o centros de investigación.

El informe sostiene que una estrategia de economía circular en Valladolid podría ayudar a mejorar la coherencia entre las iniciativas existentes, al tiempo que las amplía. Para ello, recomienda aprovechar el potencial de coordinación entre las PYMES, la administración local y la universidad, y considerar un papel más proactivo de la Agencia de Innovación y Desarrollo Económico en promover y facilitar las iniciativas de economía circular.

Agradecimientos

Este informe ha sido elaborado por el Centro para el Emprendimiento, PYMES, Regiones y Ciudades (CFE) de la OCDE, dirigido por su Directora, Lamia Kamal-Chaoui, como parte del Programa de Trabajo y Presupuesto del Comité de Políticas de Desarrollo Regional. Es el resultado de un diálogo de políticas de 18 meses con más de 50 partes interesadas de los sectores público, privado y sin ánimo de lucro, así como con representantes del gobierno nacional, de la comunidad autónoma de Castilla y León y del municipio de Valladolid, España.

El informe y los diálogos políticos subyacentes fueron coordinados por Oriana Romano, Jefa de la Unidad de Gobernanza del Agua y Economía Circular, bajo la supervisión de Aziza Akhmouch, Jefa de la División de Ciudades, Políticas Urbanas y Desarrollo Sostenible del CFE. El informe fue redactado por un equipo central de expertos de la OCDE compuesto por Oriana Romano, Luis Cecchi, analista de políticas, y Ander Eizaguirre, analista de políticas junior. Se agradece especialmente a Marco Bianchini, analista de políticas de la División de PYMES y Emprendimiento de la CFE, por su participación en la misión de investigación, sus aportaciones y sus comentarios sobre los borradores anteriores.

La Secretaría de la OCDE agradece al Alcalde de Valladolid, D. Oscar Puente Santiago, su alto nivel de compromiso y liderazgo hacia la economía circular en la ciudad. También se extiende un cálido agradecimiento al admirable equipo local de Valladolid liderado por Rosa Huertas González, Directora del Departamento de Innovación, Desarrollo Económico, Empleo y Comercio por la excelente colaboración a lo largo del diálogo, en particular a Jesús Gómez Pérez, Gerente de la Agencia de Innovación y Desarrollo Económico; Luisa María Herrero Cabrejas, Directora de Proyectos; Ana Isabel Page Polo, Coordinadora de Promoción Económica y Empleo; Amparo Ricote Muñoz, Directora de Proyectos; Gloria San José Fernández, Directora de Proyectos; y Alicia Villazán Cabero, Directora de Proyectos. También cabe agradecer especialmente a Dña. Rosario Chávez López, Concejala de Innovación, Desarrollo Económico, Empleo y Comercio de Valladolid, y a D. Antonio Gato, Concejal de Hacienda, Administración y Desarrollo Económico (2015-2019).

Además, el diálogo de políticas se ha beneficiado de los conocimientos de los pares evaluadores, a quienes agradecemos sinceramente que hayan compartido sus valiosos conocimientos y su experiencia en la ciudad, que hayan participado en las misiones de estudio de casos y que hayan proporcionado las mejores prácticas internacionales, así como orientación sobre el informe, a saber: Eveline Jonkhoff, directora de programas sobre economía circular y asesora estratégica (Ámsterdam, Países Bajos); Aline Otten, directora de asuntos económicos (Groningen, Países Bajos); Liv Öberg, estratega de desarrollo (Umeå, Suecia), y Karin Söderström, directora de sostenibilidad de la empresa de agua y residuos Vakin (Umeå, Suecia).

Este informe se basa en una serie de entrevistas con más de 50 partes interesadas durante las visitas de la OCDE a Valladolid (25-28 de febrero de 2019 y 29 de octubre de 2019) (Anexo C), así como en las contribuciones a la Encuesta de la OCDE sobre la Economía Circular en Ciudades y Regiones y la investigación documental. Las conclusiones provisionales y los resultados del progreso se presentaron en el "Taller: Economía Circular en las Ciudades" durante la 40ª reunión del Comité de Política de Desarrollo

Regional (5 de noviembre de 2018, París, Francia), y en la 1ª Mesa Redonda de la OCDE sobre Economía la Circular en Ciudades y Regiones (4 de julio de 2019, París, Francia).

El borrador del informe se benefició de los comentarios escritos de las partes interesadas que participaron en el diálogo de políticas, en particular: Milagros Aguado Mariscal (Federación de Comercio y Servicios de Valladolid y Provincia, FECOSVA), Ana Atienza Pérez (Cámara de Comercio, Industria y Servicios de Valladolid), Maribel Barrante (Asociación de Empresarios y Profesionales de Valladolid, EDUCA), Enrique Cobreros García (Agrupación Empresarial Innovadora para la Construcción Eficiente, AEICE), José María de Cuenca (AquaVall), Jesús Díez (Fundación Patrimonio Natural de Castilla y León), Carmen Durán (Ministerio para la Transición Ecológica y el Reto Demográfico, MITECO), Gonzalo Franco (Comisiones Obreras, CCOO), Gonzalo Parrado (Universidad de Valladolid), Gema Prieto (Vitartis), Andrés Herguedas, (Ayuntamiento de Valladolid), Beatriz Quintana Vega (Cultura Circular), Javier Rodríguez Conde (Ecomarketing), Ignacio Rodríguez Muñoz (Confederación Hidrográfica del Duero), Isabel Tennenbaum Casado (Ecoembes), Dunia Virto González (Fundación de la Escuela Universitaria de Ingeniería Técnica Agrícola, INEA), y Juan Carlos Zamora (Cooperativa Energética).

El informe se presentó a los delegados del Comité de Políticas de Desarrollo Regional para su aprobación por procedimiento escrito antes del 6 de marzo de 2020 en virtud de la código [CFE/RDPC/URB(2020)3]. La versión final fue editada y formateada por Eleonore Morena, y François Iglesias y Pilar Philip prepararon el manuscrito para su publicación.

Índice de contenidos

Prefacio	3
Prólogo	4
Agradecimientos	6
Abreviaturas y acrónimos	11
Resumen ejecutivo	13
1 Hacia una economía circular en Valladolid, España	**15**
Introducción: La economía circular en las ciudades y regiones	16
Los motores de la transición circular en Valladolid, España	18
Datos y tendencias socioeconómicas	19
Resumen de datos y tendencias medioambientales	22
Referencias	23
Notas	27
2 Evaluar y potenciar la economía circular en Valladolid, España	**29**
Un proyecto en curso sobre la economía circular a nivel nacional	30
Iniciativas circulares en la Comunidad Autónoma de Castilla y León	36
Iniciativas de la economía circular en Valladolid, España	37
El marco analítico	40
Personas y empresas: Una innovación circular que mejora la comunidad	43
Políticas: Identificación de sectores con potencial para la economía circular	44
Lugares: Fomentar las sinergias urbano-rurales para la economía circular	53
Desafíos de gobernanza para diseñar e implementar la transición circular	55
Referencias	60
Notas	64
3 Recomendaciones de políticas y acciones para una economía circular en Valladolid, España	**67**
Introducción	68
Promover una visión y una estrategia para la economía circular	69
Facilitar la coordinación multinivel para la economía circular	79
Habilitar las condiciones económicas y de gobernanza para la adopción de la economía circular	82
Referencias	88

Anexo A. Proyectos adjudicados de economía circular en 2017 y 2018   91

Anexo B. Criterios de evaluación aplicados para seleccionar los proyectos adjudicados en 2019   95

Anexo C. Lista de las partes interesadas consultadas durante el diálogo sobre la política circular   97

FIGURAS

Figura 1.1. Nube de etiquetas sobre la economía circular en Valladolid, España	18
Figura 1.2. Mapa de la Comunidad Autónoma de Castilla y León y de Valladolid, España	20
Figura 1.3. Proporción de la población en edad de trabajar en Valladolid, España, 2005-18	20
Figura 1.4. Proporción de la población de edad avanzada en Valladolid, España, 2005-18	21
Figura 1.5. Generación de residuos domésticos per cápita en Valladolid, España, 2008-18	23
Figura 2.1. La economía circular en las ciudades y regiones y los Objetivos de Desarrollo Sostenible	34
Figura 2.2. Marco analítico de la OCDE: Nivel de avance, herramientas y funciones	41
Figura 2.3. Circularidad dentro y entre sectores	45
Figura 2.4. Sectores de interés para una estrategia de economía circular en Valladolid, España	46
Figura 2.5. Jerarquía de residuos en la UE	51
Figura 3.1. Mapa de las partes interesadas en Valladolid, España	69

TABLAS

Tabla 2.1. Indicadores para el seguimiento de la Estrategia Española de Economía Circular	32
Tabla 2.2. Metas e indicadores del ODS 12	34
Tabla 2.3. Indicadores de la OCDE para un enfoque territorial del ODS12	35
Tabla 2.4. La hoja de ruta de la economía circular: Objetivos y acciones	40
Tabla 2.5. Ejemplo de sectores incluidos en las iniciativas de economía circular a nivel subnacional	48
Tabla 3.1. Recomendaciones de políticas para la economía circular en Valladolid, España	68
Tabla 3.2. Iniciativas de economía circular a nivel subnacional	71
Tabla 3.3. Marco de indicadores de la economía circular de la OCDE para ciudades y regiones	87

RECUADROS

Recuadro 1.1. Ejemplos de definiciones de economía circular	16
Recuadro 2.1. El proceso de la Estrategia Española de Economía Circular	30
Recuadro 2.2. La economía circular en las ciudades y regiones y los Objetivos de Desarrollo Sostenible	33
Recuadro 2.3. Instrumentos de financiación para la economía circular: Prácticas internacionales	37
Recuadro 2.4. Iniciativas de economía circular de Ecoembes	49
Recuadro 2.5. El enfoque de la UE en materia de gestión de residuos	50
Recuadro 2.6. El Programa de Bioeconomía Circular de Castilla y León y la Estrategia Alimentaria Municipal	54
Recuadro 2.7. Ejemplos de instrumentos económicos para la economía circular	57
Recuadro 3.1. Enfoques urbanos de los empleos circulares	73
Recuadro 3.2. Ejemplos de productos etiquetados para la economía circular	78
Recuadro 3.3. El marco de indicadores de la economía circular propuesto por la OCDE para ciudades y regiones	87

Siga las publicaciones de la OCDE en:

- http://twitter.com/OECD_Pubs
- http://www.facebook.com/OECDPublications
- http://www.linkedin.com/groups/OECD-Publications-4645871
- http://www.youtube.com/oecdilibrary
- http://www.oecd.org/oecddirect/

Abreviaturas y acrónimos

ACEF	Fondo de Ámsterdam para el Clima y la Energía
ACV	Análisis del Ciclo de Vida
AEICE	Asociación Empresarial Innovadora para la Construcción Eficiente
AMA	Área metropolitana de Ámsterdam
AMB	Área Metropolitana de Barcelona
ARPSI	Áreas de Riesgo Potencial Significativo de Inundación
AUE	Agenda Urbana Española
AUVASA	Autobuses urbanos de Valladolid
AVEBIOM	Asociación Española de Valorización Energética de la Biomasa
BEI	Banco Europeo de Inversiones
CCOO	Comisiones Obreras
CE	Comisión Europea
CFE	Centro para el Emprendimiento, PYMES, Regiones y Ciudades
CGPROTEC	Consultores de Gestión y Proyectos Tecnológicos
CHD	Confederación Hidrográfica del Duero
CO2	Dióxido de carbono
COP	Conferencia de las Partes
CPS	Consumo y producción sostenibles
CTR Valladolid	Centro de Tratamiento de Residuos de Valladolid
CUVA	Comunidad Urbana de Valladolid
CVE	Confederación Vallisoletana de Empresarios
EFSI	Fondo Europeo para Inversiones Estratégicas
ELU	Espacios Logísticos Urbanos (*Espaces Logistiques Urbains*)
EPBD	Directiva sobre la eficiencia energética de los edificios (*Energy Performance of Buildings Directive*)
FEDER	Fondo Europeo de Desarrollo Regional
UE	Unión Europea
FECOSVA	Federación de Comercio y Servicios de Valladolid y Provincia
FEMP	Federación Española de Municipios y Provincias
FOACAL	Federación de Organizaciones Artesanas de Castilla y León
GEI	Gases de Efecto Invernadero
I+D+i	Investigación, Desarrollo e Innovación
IAEG	Grupo Interinstitucional y de Expertos (*Inter-Agency and Expert Group*)
ICEX	Instituto de Comercio Exterior
INEA	Escuela Universitaria de Ingeniería Agrícola
INFODEF	Instituto para el Fomento del Desarrollo y la Formación
ITACYL	Instituto Tecnológico Agrario de Castilla y León
IVA	Impuesto sobre el valor añadido
JCYL-FPN	Fundación Patrimonio Natural de Castilla y León
LWARB	Junta de Residuos y Reciclaje de Londres (*London Waste and Recycling Board*)
OIT	Organización Internacional del Trabajo
ONU	Naciones Unidas
PIB	Producto interior bruto
PNIEC	Plan Nacional Integrado de Energía y Clima
NO2	Dióxido de nitrógeno

NZEB	Edificios de Consumo Energético Casi Cero (*Nearly Zero Energy Building*)
O3	Ozono
OCDE	Organización para la Cooperación y el Desarrollo Económico
ODS	Objetivos de Desarrollo Sostenible
OVAM	Agencia Pública de Residuos de Flandes
PM2.5	Partículas inferiores a 2,5 micras de diámetro
PM10	Partículas inferiores a 10 micras de diámetro
PRAE	Centro de Recursos Ambientales
PYMES	Pequeñas y medianas empresas
RCCAVA	Red de Control de la Contaminación Atmosférica del Ayuntamiento de Valladolid
RDPC	Comité de Política de Desarrollo Regional (*Regional Development Policy Committee*)
RECI	Red Española de Ciudades Inteligentes
RISN	Red de Recursos de Innovación y Soluciones (*Resource Innovation and Solutions Network*)
SEMINCI	Semana Internacional de Cine de Valladolid
SEPE	Servicio Público de Empleo Estatal
SO2	Dióxido de azufre
TIC	Tecnología de la información y las comunicaciones
TL2	Nivel territorial 2
UGT	Unión General de Trabajadores
Uva	Universidad de Valladolid
VITARTIS	Asociación de la Industria Alimentaria de Castilla y León

Resumen ejecutivo

En Valladolid (España), la transición hacia una economía circular es una oportunidad para aumentar el atractivo y la competitividad, mientras que se hace frente a los retos medioambientales. Ante la disminución y el envejecimiento de la población, combinados con un importante desempleo (11% en 2018) Valladolid ha priorizado la economía circular en la estrategia de la ciudad para crear empleo y estimular la innovación. La ciudad pretende convertirse en ciudad sostenible de referencia a través de medidas específicas, como la reducción de residuos, la disminución del uso de materias primas o el aumento del uso de energías renovables, al tiempo que se estimula el crecimiento económico y el bienestar social.

Valladolid fue una de las primeras ciudades en firmar la *Declaración de Sevilla* en marzo de 2017 como seguimiento del "Llamamiento a las Ciudades por la Economía Circular" lanzado en París en 2015 durante la COP 21. Junto con 300 municipios españoles, se comprometió a reforzar el papel de los gobiernos locales en la transición circular mediante el desarrollo de estrategias locales de vertido cero, reciclaje (especialmente de biorresiduos), prevención de residuos (sobre todo de alimentos), ecodiseño y licitación pública de productos verdes.

Esas declaraciones de intenciones se han traducido en acciones tangibles. En 2017 y 2018, el municipio lanzó dos convocatorias de proyectos para financiar iniciativas de economía circular con el fin de estimular las empresas y actividades empresariales locales y sensibilizar a la población. Los 61 proyectos resultantes recibieron un millón de euros, lo que estimuló más solicitudes en la edición de 2019. Como seguimiento, la Agencia de Innovación y Desarrollo Económico elaboró una "Hoja de Ruta de la Economía Circular" para la ciudad, coorganizó "Fines de Semana Circulares" para la creación de redes y creó un "Laboratorio Circular" para promover una cultura empresarial sobre la economía circular. Todas estas actividades ayudaron a crear una comunidad dinámica de emprendedores, microempresas y pequeñas empresas, y sociedad civil que actúan como embajadores de la economía circular en Valladolid. A través de iniciativas específicas relacionadas con nuevos modelos de negocio, ecodiseño, certificaciones para procesos industriales relacionados con la economía circular, plataformas que conectan la oferta y la demanda de material secundario, esta comunidad está demostrando que la transición de una economía lineal a una circular es posible y real.

En el futuro, pasar de una "fase experimental" a una transición en toda regla hacia la economía circular exigirá superar una serie de retos:

- **Fomentar la coherencia política, la integración y la visión a largo plazo** de las iniciativas existentes relacionadas con la economía circular para evitar acciones aisladas y a pequeña escala y maximizar las sinergias entre los departamentos municipales y el fortalecimiento mutuo.
- **Ampliar de los proyectos tras la fase de experimentación** para garantizar que los proyectos que se llevan a cabo actualmente a escala de barrio o individual puedan ofrecer los resultados sociales, económicos y medioambientales esperados.
- **Mejorar las competencias de las autoridades** para apoyar su capacidad de hacer frente a la complejidad de la economía circular. Dada la naturaleza multidisciplinar de la economía circular, el municipio debe evaluar si las necesidades de la transición a la economía circular coinciden con

las competencias y los recursos humanos disponibles en los departamentos del municipio y tomar medidas para colmar las lagunas identificadas.
- **Mejorar la base de datos, conocimientos e información** sobre la economía circular para generar la comprensión y la conciencia de las empresas y los ciudadanos sobre los beneficios potenciales de la economía circular. Esto también podría facilitar el compromiso de las partes interesadas, el seguimiento y la evaluación para una mayor confianza y responsabilidad.

El informe recomienda acciones concretas para mejorar la capacidad de Valladolid de promover, facilitar y habilitar la economía circular. En particular:

- **Para promover la economía circular** el municipio podría:
    o Determinar las prioridades a partir del análisis de los flujos de materiales y de las tendencias de producción y consumo;
    o Desarrollar una estrategia de economía circular con una visión y unos objetivos claros, teniendo en cuenta las oportunidades de creación de empleo;
    o Predicar con el ejemplo aplicando los principios circulares en las actividades y servicios del municipio;
    o Fortalecer la comunidad circular, creando espacios de encuentro y diálogo, y;
    o Aumentar la concienciación sobre la economía circular mostrando casos empresariales de éxito y haciendo que los productos y servicios circulares sean reconocibles a través de etiquetas, lo que podría ser también un incentivo para las empresas locales.
- **Para facilitar la colaboración entre una amplia gama de actores** para hacer realidad la economía circular sobre el terreno, el municipio podría:
    o Coordinarse con las estrategias nacionales y regionales de economía circular;
    o Fomentar la colaboración entre universidades, empresas y ciudadanos, e intercambiar experiencias con las ciudades de la zona, y;
    o Apoyar el desarrollo de las empresas y estimular el espíritu empresarial en la economía circular.
- **Para habilitar condiciones económicas y de gobernanza necesarias** el municipio podría:
    o Identificar las herramientas normativas, fiscales y económicas que incentivan la economía circular, y desarrollar herramientas de capacitación para el personal municipal y los emprendedores;
    o Reforzar el papel de la Agencia de Innovación y Desarrollo Económico como punto focal y facilitador municipal;
    o Aplicar iniciativas de licitación pública ecológica;
    o Facilitar la puesta en común de herramientas e iniciativas entre los vecinos para las iniciativas a pequeña escala como paso para el cambio local, e identificar las áreas de experimentación;
    o Reforzar la eficacia de las subvenciones municipales relacionadas con la economía circular, y;
    o Desarrollar un marco de seguimiento y evaluación con indicadores específicos sobre la economía circular para analizar los avances y resultados.

1 Hacia una economía circular en Valladolid, España

Este capítulo ofrece una visión general de la economía circular en las ciudades y se centra en la justificación de la transición a la economía circular en la ciudad de Valladolid (España), examinando los principales factores que conducen al cambio de una economía lineal a una circular, así como los datos y las tendencias socioeconómicas y medioambientales.

Introducción: La economía circular en las ciudades y regiones

La transición hacia una economía circular está en marcha y las ciudades y regiones están en el centro de la misma. En 2050, la población mundial alcanzará los 9.000 millones de personas, el 70% de las cuales vivirá en ciudades (UN, 2018[1]). La presión sobre los recursos naturales aumentará, al tiempo que se necesitarán nuevas infraestructuras, servicios y viviendas. Las ciudades ya representan casi dos tercios de la demanda energética mundial (IEA, 2016[2]) y producen hasta el 80% de las emisiones de gases de efecto invernadero (World Bank, 2010[3]). En 2050, los habitantes de las ciudades seguirán siendo los más expuestos a altas concentraciones de contaminantes atmosféricos[1] (OCDE, 2012[4]). Las ciudades producen el 50% de los residuos mundiales (UNEP, 2013[5]). Se calcula que, para 2050, los niveles de residuos sólidos municipales en todo el mundo se duplicarán (IEA, 2016[2]; UNEP/IWSA, 2015[6]). El 80% de los alimentos se consumen en las ciudades y, en comparación con los niveles actuales, se necesitará un 60% más de alimentos en las próximas décadas para alimentar a la población (Ellen MacArthur Foundation, 2019[7]). Al mismo tiempo, el estrés hídrico y el consumo de agua aumentarán en un 55% para 2050 (OECD, 2012[4]). Las ciudades y las regiones son las principales responsables de los servicios públicos locales, como el transporte, los residuos sólidos, el agua y la energía. Como tales, están en el centro de las decisiones clave que tienen un fuerte impacto en el bienestar de los ciudadanos, la calidad del medio ambiente y el crecimiento económico.

No existe una definición única para la economía circular, que ahora se enfrenta a un periodo de desafío de validez. Aunque hay muchas definiciones de la economía circular, todas incluyen como supuesto básico el reconocimiento de los residuos como recurso (Recuadro 1.1). La economía circular consiste en evitar el desperdicio de recursos mediante la reutilización de materiales, la mejora del diseño para aumentar la durabilidad de los bienes y productos, y la transformación de los residuos. En las ciudades y regiones, la economía circular debe garantizar que: *los servicios* (por ejemplo, desde el agua hasta los residuos y la energía) se presten evitando la generación de residuos, haciendo un uso eficiente de los recursos naturales como materias primas, optimizando su reutilización y permitiendo las sinergias entre sectores; las *actividades económicas* se planifiquen y se lleven a cabo de forma que se cierren, ralenticen y estrechen los bucles a través de las cadenas de valor; y *las infraestructuras* se diseñen y construyan para evitar los bloqueos lineales, que utilizan los recursos de forma intensiva e ineficiente.

La economía circular no es un fin en sí misma, sino un medio para alcanzar un fin: ofrece la oportunidad de hacer más con menos, de utilizar mejor los recursos naturales disponibles y de transformar los residuos en nuevos recursos, al tiempo que promueve nuevas oportunidades de empleo y aborda las desigualdades (por ejemplo, el acceso a servicios y productos básicos compartidos, desde la movilidad hasta la agroalimentación, pasando por los edificios). Así, mientras que la narrativa medioambiental, según la cual un menor uso de materiales implica una reducción de las emisiones de gases de efecto invernadero (GEI), ha sido hasta ahora la predominante en la promoción del cambio hacia una economía circular, las ciudades y las regiones están prestando cada vez más atención a los aspectos sociales y económicos como motores de esta transición. Según Blomsma y Brennan (2017[8]) la economía circular se enfrenta ahora a su "período de desafío de validez" en su camino para convertirse en un concepto sólido y consolidado, lo que implica un cambio radical en el comportamiento de los consumidores.

Recuadro 1.1. Ejemplos de definiciones de economía circular

- "La economía circular es aquella en la que el valor de los productos, materiales y recursos se mantiene en la economía durante el mayor tiempo posible, y la generación de residuos se minimiza". (EC, 2015[9])

- "La economía circular es restaurativa y regenerativa por diseño. Basándose en la innovación de todo el sistema, pretende redefinir los productos y servicios para diseñar los residuos y minimizar los impactos negativos. Una economía circular es entonces una alternativa a la economía lineal tradicional (hacer, usar, desechar)". (Ellen MacArthur Foundation, 2018[10])

- "Un sistema económico que sustituye el concepto de fin de vida, por la reducción, el uso alternativo, el reciclaje y la recuperación de materiales en los procesos de producción/distribución y consumo. Opera a nivel micro (empresas de productos, consumidores), meso (parques ecoindustriales) y macro (ciudad, región, nación y más allá), con el objetivo de lograr un desarrollo sostenible, creando así simultáneamente calidad ambiental, prosperidad económica y equidad social, en beneficio de las generaciones actuales y futuras. Esto es posible gracias a los nuevos modelos de negocio y a los consumidores responsables". (Kirchherr, Reike and Hekkert, 2017[11])

- "La economía circular es aquella que tiene un bajo impacto ambiental y que hace un buen uso de los recursos naturales a través de una alta eficiencia de los recursos y de la prevención de los residuos, especialmente en el sector de la fabricación, y una mínima eliminación de los materiales al final de su vida útil". Ekins et al. (2019[12])

- "Hay tres niveles diferentes de circularidad, con una cobertura cada vez más amplia: i) cerrar los bucles de recursos; ii) ralentizar los bucles de recursos; y iii) reducir los bucles de recursos. Todos ellos tienen como objetivo, explícita o implícitamente, abordar los fallos del mercado asociados al uso de materiales, la falta de atención a las consecuencias medioambientales locales asociadas a la extracción; o la falta de inclusión de las externalidades medioambientales asociadas a la generación de residuos. Además, hay ineficiencias económicas asociadas al uso ineficiente de recursos escasos". (OECD, 2019[13]).

Fuente: C (2015[9]), *Closing the Loop – An EU Action Plan for the Circular Economy*, https://eur-lex.europa.eu/legal-content/EN/TXT/HTML/?uri=CELEX:52015DC0614&from=EN (accessed on 21 February 2020); Ellen McArthur Foundation (2018[10]), *What is a Circular Economy?*, https://www.ellenmacarthurfoundation.org/circular-economy/concept (accessed on 21 February 2020); Kirchherr, J., D. Reike and M. Hekkert (2017[11]), "Conceptualizing the circular economy: An analysis of 114 definitions", http://dx.doi.org/10.1016/j.resconrec.2017.09.005; Ekins et al. (2019[12]), "The Circular Economy: What, Why, How and Where", Background paper for an OECD/EC Workshop on 5 July 2019 within the workshop series "Managing environmental and energy transitions for regions and cities", Paris; OECD (2019[13]), *Global Material Resources Outlook to 2060: Economic Drivers and Environmental Consequences*, https://doi.org/10.1787/9789264307452-en.

Se espera que la economía circular en las ciudades y regiones genere un impacto positivo en el crecimiento económico, la creación de nuevos puestos de trabajo y la reducción de los impactos negativos en el medioambiente. Para 2030, se calcula que el cambio de un enfoque lineal de "tomar, hacer y desechar" a un sistema circular tenga un potencial de 4,5 billones de dólares para el crecimiento económico (Accenture, 2015[14]). Las proyecciones muestran que, para 2030, la productividad de los recursos en Europa puede mejorar un 3% y generar un aumento del producto interior bruto (PIB) de hasta el 7% (Centro McKinsey para los negocios y el medio ambiente, 2016[15]). Las proyecciones a nivel de ciudad muestran que, por ejemplo, la aplicación de un enfoque de economía circular a la cadena de construcción en la ciudad de Ámsterdam (Países Bajos) reduciría las emisiones de GEI en medio millón de toneladas de CO_2 al año. En Londres (Reino Unido), los beneficios de los enfoques circulares aplicados al entorno construido, los alimentos, los textiles, los productos eléctricos y los plásticos se estiman en 7.000 millones de libras esterlinas cada año de aquí a 2036.[2] Se calcula que en la región de Île-de-France (Francia) se crearán unos 50.000 puestos de trabajo relacionados con la economía circular.[3] Los beneficios medioambientales consisten en: la disminución de la contaminación; el aumento de la proporción de recursos renovables o reciclables; y la reducción del consumo de materias primas, agua, tierra y energía (EEA, 20016[16]). Sin embargo, la transición debe ser "justa" teniendo en cuenta el bienestar social de las personas, la calidad de vida y la equidad.

El potencial de la economía circular aún debe ser desbloqueado. En la actualidad, menos del 10% de la economía mundial es circular (Circle Economy, 2020[17]). Desbloquear el potencial de la economía circular en las ciudades y regiones implica ir más allá de los aspectos exclusivamente técnicos y poner en marcha la gobernanza necesaria para crear incentivos (legales, financieros), estimular la innovación (social, institucional) y generar información (datos, conocimientos, capacidades). También implicaría examinar los obstáculos para que las empresas "cierren el círculo", replanteando los modelos de negocio (por ejemplo, el alquiler y el uso compartido) y analizando los instrumentos económicos que podrían apoyar la transición en varios sectores, como los residuos, los alimentos, los entornos construidos y el agua. La economía circular implica modelos de gobernanza basados en enfoques multisectoriales y de múltiples partes interesadas. Para que la economía circular se haga realidad, es necesario alinear las políticas, informar y comprometer a las partes interesadas, actualizar los marcos jurídicos y reglamentarios y apoyar la innovación.

Los motores de la transición circular en Valladolid, España

Para la ciudad de Valladolid (España), la transición hacia una economía circular representa una oportunidad de mayor atractivo y competitividad, al tiempo que proporciona respuestas a los desafíos medioambientales. La Figura 1.1 indica las palabras que la ciudad asocia más con el concepto de economía circular a través de la Encuesta de la OCDE sobre la Economía Circular en Ciudades y Regiones (cuanto más grande es la palabra en la figura, mayor es la importancia). Estas palabras son: "desarrollo sostenible", "cambio climático", "eficiencia", "modelo de negocio" y "cambio cultural". Según la administración local, la prevención de residuos, el ecodiseño y el reciclaje son claves para la economía circular (OECD, 2019[18]). En concreto, la ciudad pretende maximizar el uso de los recursos naturales como los agroalimentarios, promover la simbiosis industrial y mejorar la recogida selectiva de residuos para su reciclaje y valorización de materiales. Esto implica fomentar la concienciación y la participación ciudadana, potenciar la innovación y promover la cooperación entre las partes interesadas (Puente, 2018[19]).

Figura 1.1. Nube de etiquetas sobre la economía circular en Valladolid, España

Nota: El encuestado debía elegir las 5 palabras que se asocian más frecuentemente con la economía circular. La respuesta se basa en la siguiente pregunta: "Por favor, indique las 5 palabras de la lista sugerida a continuación que asocia más a menudo con la economía circular en su contexto, clasificándolas del 1 (más importante) al 5 (menos importante)".
Fuente: Elaboración propia a partir de las respuestas de la ciudad de Valladolid a la OCDE (2019[18]) Encuesta de la OCDE sobre la economía circular en ciudades y regiones.

Desde que se adhirió a la Declaración de Sevilla en marzo de 2017, la ciudad de Valladolid ha mostrado su voluntad política hacia una transición circular. Valladolid fue una de las primeras ciudades en adherirse a la Declaración de Sevilla en marzo de 2017, que siguió al Llamamiento a las Ciudades por la Economía Circular lanzado en París en septiembre de 2015 con motivo de la COP 21. A través de la Declaración de Sevilla, 300 municipios españoles se comprometieron a promover un modelo de desarrollo urbano sostenible, inclusivo y resiliente, y a reforzar el papel de los gobiernos locales en la transición circular desarrollando estrategias locales sobre: vertederos cero, reciclaje (especialmente de biorresiduos), prevención de residuos (especialmente de alimentos), ecodiseño y compra pública de productos verdes. Aunque no es vinculante, la declaración representa un punto de partida para que los municipios españoles actúen hacia una economía circular. Tras la firma, la Agencia de Innovación y Desarrollo Económico del municipio de Valladolid comenzó a elaborar una Hoja de Ruta de la Economía Circular, y la Consejería de Innovación, Desarrollo Económico, Empleo y Comercio aprobó subvenciones municipales para proyectos circulares (ver párrafos siguientes).

La Estrategia Española de Economía Circular y una serie de iniciativas a nivel subnacional impulsaron el desarrollo de modelos de economía circular en Valladolid. Aunque todavía no está aprobada, la Estrategia Española de Economía Circular (Government of Spain, 2018[20]) es una referencia para los gobiernos subnacionales que deseen pasar de una economía lineal a una circular, incluyendo Valladolid. La estrategia sirve de marco general que puede ser adoptado y aplicado por los gobiernos regionales y locales en función de sus competencias y prioridades específicas (véase el capítulo 2). Más allá de la referencia nacional, otras iniciativas estimularon un entorno fértil para planificar la transición a una economía circular en la ciudad de Valladolid. Por ejemplo, la ciudad participó activamente en el desarrollo del "Modelo de estrategia local de economía circular" de la Federación Española de Municipios y Provincias (FEMP). Además, la ciudad comparte información con la Comunidad Autónoma de Castilla y León para la elaboración de su Estrategia de Economía Circular 2020-30.

La participación de la ciudad de Valladolid en varios proyectos financiados por la Comisión Europea (CE) llevó a la ciudad a concebir la economía circular como un marco general para los proyectos de desarrollo sostenible. Valladolid participa activamente en una serie de proyectos financiados por la CE que promueven el desarrollo urbano sostenible a través de la eficiencia energética, la calefacción urbana, la movilidad sostenible y las soluciones basadas en la naturaleza.[4] Estos proyectos han estimulado nuevas formas de colaboración entre el sector público y el privado, y han aumentado la conciencia medioambiental. Como tal, las lecciones aprendidas de la práctica de los proyectos financiados por la CE (por ejemplo, la comunicación, la gestión del presupuesto, las asociaciones, etc.) están destinadas a ser utilizadas para implementar la futura estrategia de economía circular de la ciudad, ya que se necesitarán colaboraciones de múltiples partes interesadas (a través de los sectores público, privado y sin fines de lucro, del mundo académico, de las asociaciones locales y de los ciudadanos).

Datos y tendencias socioeconómicas

Valladolid es la ciudad más poblada de la Comunidad Autónoma de Castilla y León. Castilla y León (2.425.801 habitantes en 2018) es la sexta región más poblada del país (Castile and León Autonomous Community, 2018[21]) y la más extensa en términos territoriales, aunque la densidad de población es baja con 25,5 habitantes por km^2 (EC, 2019[22]). La región está situada en la mitad norte del país (Figura 1.2). El 12% de los habitantes de la región y el 57% de la población de la provincia viven en la ciudad de Valladolid (INNOLID 2020+, 2017[23]). En 2018, la población ascendía a 298.866 habitantes, concentrados en su mayoría en el centro histórico pero desplazándose cada vez más a zonas menos densamente pobladas y periféricas de la ciudad. Cuatro distritos periféricos (números 4, 6, 10 y 11) de un total de 12 distritos de la ciudad concentran el 78% de la población (Valladolid en Cifras, 2019[24]).

Figura 1.2. Mapa de la Comunidad Autónoma de Castilla y León y de Valladolid, España

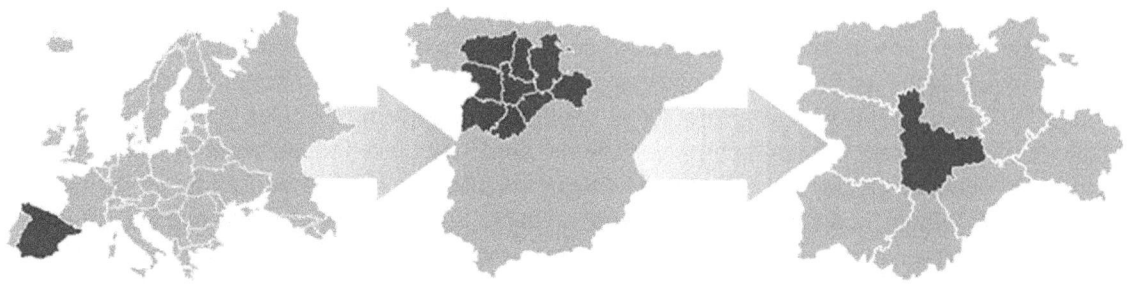

Fuente: Página web del Ayuntamiento de Valladolid (2020[25]) *Cómo llegar - Portal de Cultura y Turismo de Valladolid*, https://www.info.valladolid.es/como-llegar.

La población de la ciudad de Valladolid ha ido disminuyendo y envejeciendo durante las dos últimas décadas y se prevé que esta tendencia continúe durante la próxima década. Desde 1998, el municipio de Valladolid ha perdido casi un 7% de su población. En los últimos 5 años la población provincial ha descendido un 2%. Esto se debe a que las tasas de mortalidad aumentan por encima del número de recién nacidos y al saldo neto entre emigrantes e inmigrantes (casi 1.000 en 2017) (INE, 2019[26]). Algunos municipios vecinos han absorbido el exceso de emigrantes de la capital, convirtiéndose en "ciudades dormitorio". Entre 2005 y 2018, la población activa disminuyó casi un 10% (Figura 1.3) y, dentro de ella, el grupo de 25 a 34 años fue el que más disminuyó. En el mismo periodo, el índice de juventud[5] disminuyó del 67% al 45,8%, mientras que el índice de envejecimiento muestra que la población de edad avanzada (mayor de 64 años) creció casi un 10% (Figura 1.4).

Figura 1.3. Proporción de la población en edad de trabajar en Valladolid, España, 2005-18

16-64 años

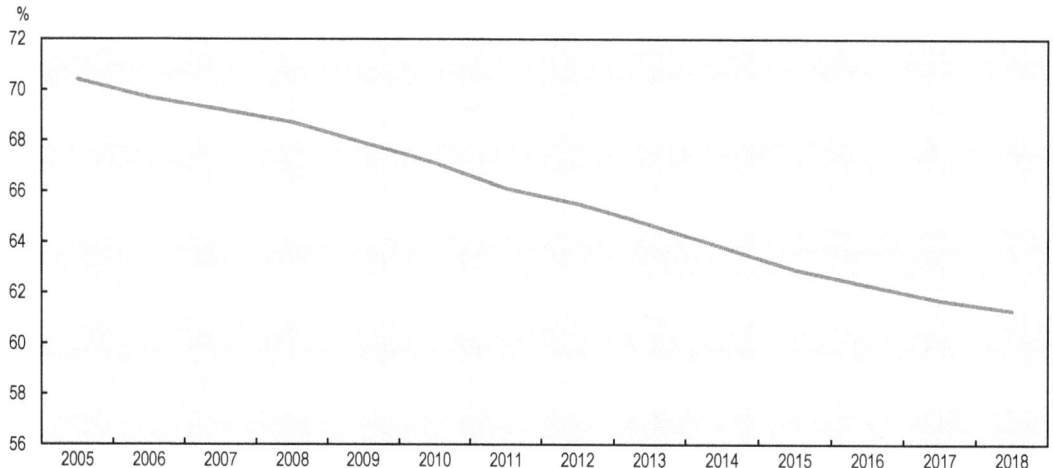

Fuente: Elaboración propia a partir de Valladolid en Cifras (2019[24]), *página web*, http://www.valladolidencifras.es (consultado el 11 de junio de 2019).

Figura 1.4. Proporción de la población de edad avanzada en Valladolid, España, 2005-18

+65 años

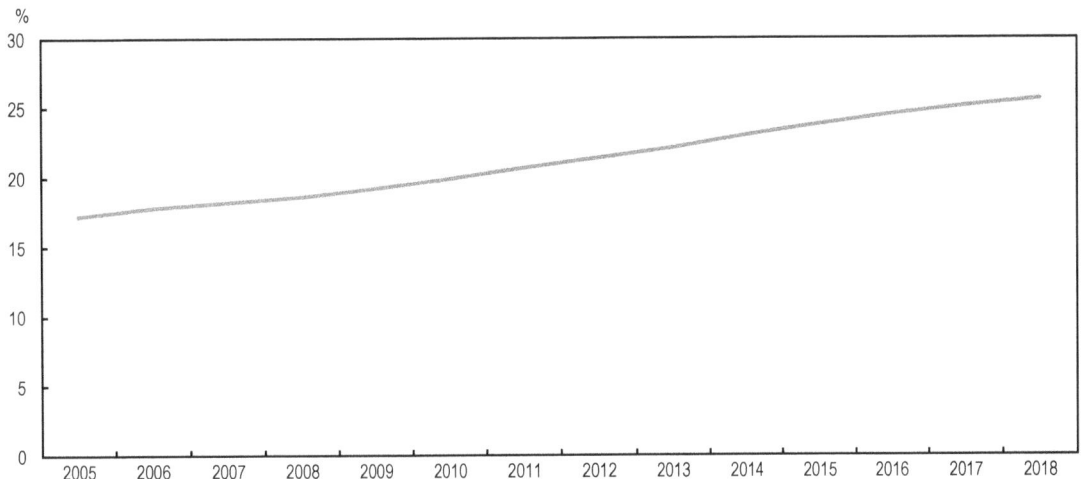

Fuente: Elaboración propia a partir de Valladolid en Cifras (2019[24]), *página web*, http://www.valladolidencifras.es (consultado el 11 de junio de 2019).

La economía de Valladolid se caracteriza por el sector servicios. Un 83% de las empresas existentes en la ciudad opera en el sector servicios, seguido de los sectores de la construcción (11%), la industria (casi 5%) y la agricultura (menos del 1%) (INNOLID 2020+, 2017[23]). El PIB del área metropolitana de Valladolid y el de la región equivalen respectivamente a casi el 1% y el 5% del PIB nacional (OECD, 2019[27]). En 2016, el PIB per cápita de la provincia de Valladolid fue de 24.308 euros, ligeramente por encima del valor regional (22.646 euros) y del nacional (23.970 euros) (INE, 2016[28]).[6] Valladolid alberga filiales de grandes firmas internacionales como Michelin y Renault.[7] Sin embargo, el sector productivo se caracteriza principalmente por las pequeñas y medianas empresas (PYMES), como en toda la región. En Castilla y León, el 90% de las empresas son pymes y el 83% de ellas tienen menos de 3 trabajadores asalariados (EC, 2019[22]).

El desempleo en Valladolid ha disminuido desde 2014 y es inferior al nivel regional y nacional. Desde la crisis financiera de 2008, el desempleo ha sido una gran preocupación en España. Al principio de la crisis, en 2008, el desempleo representaba el 9,6%. En 2013, casi se había triplicado hasta un máximo del 26,9% y comenzó a descender hasta alcanzar el 13,8% en 2019. Esta cifra es casi 2 veces superior a la media de la UE, del 7,5% (Eurostat, 2019[29]). En la ciudad de Valladolid el nivel de desempleo[8] ha pasado del 7,8% al 15,7% entre 2008 y 2014 y ha ido fluctuando hasta llegar al 11,7% en 2018. (Ayuntamiento de Valladolid, 2019[30]). El desempleo en la ciudad afecta en gran medida a los individuos mayores de 25 años (40,8% de este grupo de edad) y a los mayores de 45 años (49,3%) (INNOLID 2020+, 2017[23]). Un 9,9% de los jóvenes menores de 25 años están en paro y un 27% de los jóvenes profesionales abandonan la ciudad tras finalizar sus estudios (INNOLID 2020+, 2017[23]). Para atraer a los "cerebros", la ciudad puso en marcha un programa de retorno del talento, ofreciendo becas de dos años y un programa de retención del talento para incentivar a las empresas locales que contraten a los recién graduados de la Universidad de Valladolid para realizar unas prácticas de seis meses (Valladolid Municipality, 2018[31]).

El sector turístico adquiere cada vez más relevancia, debido al rico patrimonio cultural de la ciudad y a la presencia de eventos internacionales. Valladolid fue cuna de personajes históricos emblemáticos como Cristóbal Colón, que murió en Valladolid en 1506, y Miguel de Cervantes, cuya primera edición de "El Quijote" se publicó en Valladolid en 1604. Desde 1965 la ciudad acoge la Semana Internacional de Cine de Valladolid (SEMINCI) que atrae cada año a unos 95.000 visitantes. Valladolid es la ciudad más visitada de Castilla y León con casi 455.926 visitantes en 2018, (INE 2019) , 2019[26]), lo que corresponde a un aumento del 1,4% de visitantes respecto al año 2017, 2018[32]). En 2017, el sector turístico generó 277 millones de euros, casi un 18% más que en 2016, creando 4.639 empleos (un 16% más que el año anterior) (INNOLID 2020+, 2017[23]).

La ciudad alberga una de las universidades más antiguas de España. La Universidad de Valladolid, fundada en 1346, cuenta con cuatro campus ubicados en los municipios de Palencia, Segovia, Soria y Valladolid. La Escuela de Ingenierías Industriales fue calificada en 2016 como la séptima mejor de España por la vinculación de las competencias adquiridas por los estudiantes con las habilidades requeridas para una carrera en el sector empresarial (Everis Foundation, 2016[33]). La universidad también es conocida por su Escuela de Arquitectura.

Resumen de datos y tendencias medioambientales

La contaminación atmosférica ha disminuido desde 2002, aunque sigue siendo un problema para la ciudad. Desde 2008, el número de días en que la calidad atmosférica es "mala" y "regular" ha descendido sensiblemente, mientras que los días considerados como "buenos" y "muy buenos" han aumentado. Las emisiones de carbono en Valladolid han disminuido un 8% desde 2010 (Interreg Europe, 2019[34]). El Ayuntamiento, siguiendo el Protocolo de Anticontaminación de Valladolid, adoptó limitaciones al tráfico en el centro de la ciudad en siete ocasiones durante 2017 para reducir los niveles de contaminación atmosférica. La Red de Control de Contaminación Atmosférica del Ayuntamiento de Valladolid (RCCAVA) cuenta con 5 estaciones de control de la calidad del aire ubicadas en toda la ciudad que miden el nivel de partículas (PM10, PM2,5) y otros gases (NO2, O3, SO2, CO_2). El Ayuntamiento atribuye la contaminación atmosférica al uso extensivo del vehículo privado y está tomando medidas para una movilidad más ecológica a través de fondos europeos (INNOLID 2020+, 2017[23]).

La producción de energía renovable ha ido en aumento, aunque se mantiene en niveles bajos en comparación con las fuentes de energía tradicionales. El biogás y la energía solar térmica (local) han sido las fuentes de energía renovable predominantes desde principios de la década de 2000 hasta 2014. La energía solar térmica municipal ha mantenido un nivel de producción similar durante todo ese periodo. La fotovoltaica y la biomasa, si bien eran casi inexistentes al principio del periodo analizado, han experimentado un gran incremento entre 2010 y 2014 (INNOLID 2020+, 2017[23]).

La producción de residuos domésticos per cápita se sitúa por debajo de los valores regionales y nacionales; sin embargo, se han registrado fluctuaciones en los últimos años. Actualmente, en Valladolid se producen un total de 380kg de residuos por hogar y año, por debajo del valor regional de 433kg y de los 459kg generados en España. La producción de residuos domésticos per cápita ha aumentado casi un 8% desde 2014 (cuando era de 353kg/habitante), tras mostrar una tendencia decreciente entre 2011 y 2014 (Figura 1.5). La tendencia a la baja podría deberse, entre otras cosas, a la desaceleración del consumo asociada a la crisis internacional de 2008 (Lomas y Carpintero, 2017[35]). Los niveles de separación de residuos domésticos ascendieron al 40% del total de residuos producidos entre 2010 y 2018 (Valladolid Municipality, 2019[36]). La producción total de residuos municipales ha aumentado entre 2002 y 2010, pasando de aproximadamente 115.000 toneladas a 128.000 toneladas. Desde entonces y hasta 2014, la producción de residuos ha descendido hasta su mínimo (108.000 toneladas) (CTR Valladolid, 2018[37]). Desde 2014, la producción de residuos municipales se ha mantenido relativamente estable, aunque en los últimos 3 años la cantidad de residuos totales ha aumentado un 2% (alcanzando las 113.212 toneladas en 2018) (Valladolid Municipality, 2019[36]).

Figura 1.5. Generación de residuos domésticos per cápita en Valladolid, España, 2008-18

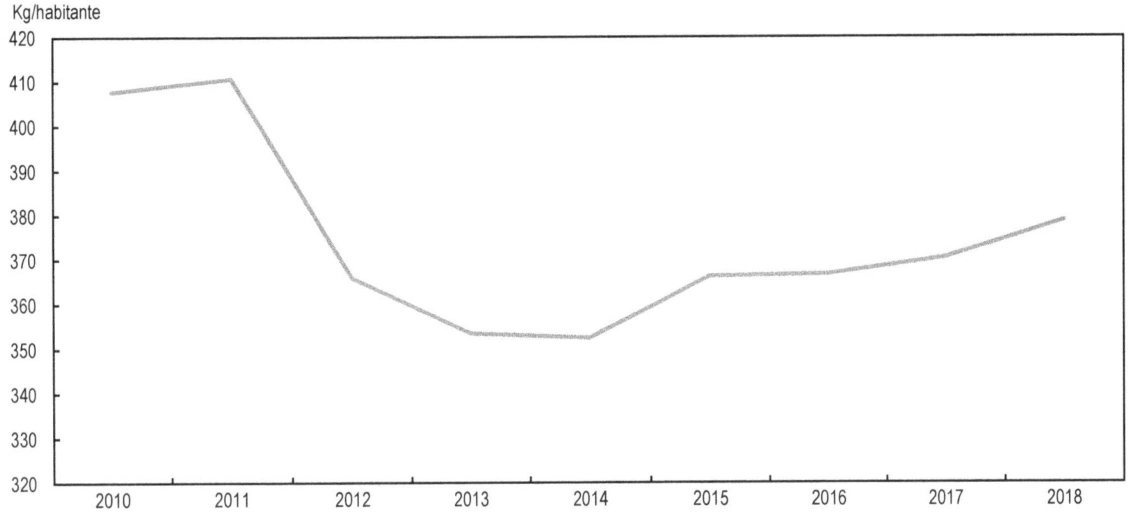

Fuente: CTR Valladolid (2018[38]), *Datos del CTR*, http://www.ctrvalladolid.com/datos-ctr (consultado el 3 de agosto de 2019).

El consumo de agua en los hogares muestra una tendencia a la baja desde 2004. Los litros de agua consumidos por cápita y día (l/pc/d) en Valladolid han ido descendiendo ligeramente, pasando de unos 300 l/pc/d en 2004 a 260 l/pc/d en 2018. Esta cifra supone una reducción del 5% respecto a 2017 y las previsiones de la ciudad para 2019 esperaban mantener la misma tendencia llegando a los 255 l/pc/d (aunque aún no se dispone de los datos de 2019). El municipio atribuye esta reducción a las campañas de concienciación y compromiso ciudadano (INNOLID 2020+, 2017[23]). Por otro lado, el agua consumida para el riego de parques y jardines ha aumentado un 150% desde el año 2000, impulsado en parte por el aumento de la superficie de zonas verdes en la ciudad (Ayuntamiento de Valladolid, 2018[39]).

La ciudad está expuesta a los riesgos de inundación. Valladolid forma parte del Área de Riesgo Potencial Significativo de Inundación (ARPSIs) del Pisuerga-Esgueva. Entre 2009 y 2013, las inundaciones han causado daños equivalentes a 1.506.255 euros al año de media (Valladolid Hydrographic Confederation, 2016[40]).

Referencias

Accenture (2015), "The circular economy could unlock $4.5 trillion of economic growth", https://newsroom.accenture.com/news/the-circular-economy-could-unlock-4-5-trillion-of-economic-growth-finds-new-book-by-accenture.htm (accessed on 21 February 2020). [14]

Blomsma, F. and G. Brennan (2017), "The emergence of circular economy: A new framing around prolonging resource productivity", *Journal of Industrial Ecology*, Vol. 21/3, pp. 603-614, http://dx.doi.org/10.1111/jiec.12603. [8]

Castile and León Autonomous Community (2018), *Estadística Junta de Castilla y León*, https://estadistica.jcyl.es/web/jcyl/Estadistica/es/Plantilla100/1246989275272/_/_/_ (accessed on 29 November 2019). [21]

Circle Economy (2020), *The Circularity Gap Report*, https://docs.wixstatic.com/ugd/ad6e59_733a71635ad946bc9902dbdc52217018.pdf. [17]

CTR Valladolid (2018), *Datos del CTR*, http://www.ctrvalladolid.com/datos-ctr (accessed on 3 August 2019). [38]

CTR Valladolid (2018), *Entradas de residuos en el año 2018*, http://www.ctrvalladolid.com/assets/datos/2018.pdf (accessed on 3 August 2019). [37]

Duero Hydrographic Confederation (2016), *Plan de Gestión del Riesgo de Inundación*, https://www.chduero.es/pgri-plan-de-gestion-del-riesgo-de-inundacion (accessed on 21 October 2019). [40]

EC (2019), *EURES - Labour Market Information - Castilla y León*, European Commission, https://ec.europa.eu/eures/main.jsp?countryId=ES&acro=lmi&showRegion=true&lang=en&mode=text&regionId=ES0&nuts2Code=%20&nuts3Code=null&catId=440 (accessed on 31 May 2019). [22]

EC (2015), *Closing the Loop – An EU Action Plan for the Circular Economy*, European Commission, https://eur-lex.europa.eu/legal-content/EN/TXT/HTML/?uri=CELEX:52015DC0614&from=EN (accessed on 21 February 2020). [9]

EEA (20016), *Environmental Indicator Report 2016 - In Support to the Monitoring of the 7th Environment Action Programme*, European Environment Agency, https://www.eea.europa.eu//publications/environmental-indicator-report-2016 (accessed on 21 February 2020). [16]

Ekins, P., Domenech, T., Drummond, P., Bleischwitz, R., Hughes, N. and Lotti, L. (2019), *"The Circular Economy: What, Why, How and Where"*. Background paper for an OECD/EC Workshop on 5 July 2019 within the workshop series "Managing environmental and energy transitions for regions and cities", Paris. [12]

Ellen MacArthur Foundation (2019), *Cities and Circular Economy for Food*, https://www.ellenmacarthurfoundation.org/assets/downloads/Cities-and-Circular-Economy-for-Food_280119.pdf (accessed on 6 November 2019). [7]

Duero Hydrographic Confederation (2016), *Plan de Gestión del Riesgo de Inundación*, https://www.chduero.es/pgri-plan-de-gestion-del-riesgo-de-inundacion (accessed on 21 October 2019). [10]

EC (2019), *EURES - Labour Market Information - Castilla y León*, European Commission, https://ec.europa.eu/eures/main.jsp?countryId=ES&acro=lmi&showRegion=true&lang=en&mode=text&regionId=ES0&nuts2Code=%20&nuts3Code=null&catId=440 (accessed on 31 May 2019). [29]

EC (2015), *Closing the Loop – An EU Action Plan for the Circular Economy*, European Commission, https://eur-lex.europa.eu/legal-content/EN/TXT/HTML/?uri=CELEX:52015DC0614&from=EN (accessed on 21 February 2020). [33]

EEA (20016), *Environmental Indicator Report 2016 - In Support to the Monitoring of the 7th Environment Action Programme*, European Environment Agency, https://www.eea.europa.eu//publications/environmental-indicator-report-2016 (accessed on 21 February 2020). [20]

Ekins, P., Domenech, T., Drummond, P., Bleischwitz, R., Hughes, N. and Lotti, L. (2019), *"The Circular Economy: What, Why, How and Where". Background paper for an OECD/EC Workshop on 5 July 2019 within the workshop series "Managing environmental and energy transitions for regions and cities"*, Paris. [2]

Ellen MacArthur Foundation (2019), *Cities and Circular Economy for Food*, https://www.ellenmacarthurfoundation.org/assets/downloads/Cities-and-Circular-Economy-for-Food_280119.pdf (accessed on 6 November 2019). [26]

Ellen MacArthur Foundation (2018), *What is a Circular Economy?*, https://www.ellenmacarthurfoundation.org/circular-economy/concept (accessed on 21 February 2020). [43]

Eurostat (2019), *Unemployment Statistics - Statistics Explained*, https://ec.europa.eu/eurostat/statistics-explained/index.php/Unemployment_statistics (accessed on 29 November 2019). [32]

Everis Foundation (2016), *La UVA, entre las diez mejores de España en Ciencias e Ingeniería*, El Norte de Castilla, https://www.elnortedecastilla.es/valladolid/201607/04/entre-diez-mejores-espana-20160704115228.html (accessed on 1 August 2019). [28]

Government of Spain (2018), *España Circular 2030, Estrategia Española de Economía Circular*, Gobierno de España, http://www.miteco.gob.es/images/es/180206economiacircular_tcm30-440922.pdf (accessed on 31 May 2019). [23]

IEA (2016), "Cities are in the frontline for cutting carbon emissions", https://www.iea.org/news/cities-are-in-the-frontline-for-cutting-carbon-emissions-new-iea-report-finds (accessed on 21 February 2020). [34]

INE (2019), *Viajeros y pernoctaciones por comunidades autónomas y provincias*, Spanish Statistical Office Website, http://www.ine.es/jaxiT3/Datos.htm?t=2074 (accessed on 11 June 2019). [11]

INE (2018), *Contabilidad regional de España (Últimos datos)*, https://www.ine.es/dyngs/INEbase/es/operacion.htm?c=Estadistica_C&cid=1254736167628&menu=ultiDatos&idp=1254735576581 (accessed on 1 August 2019). [35]

INE (2018), *Viajeros y pernoctaciones por comunidades autónomas y provincias*, http://www.ine.es/jaxiT3/Tabla.htm?t=2074 (accessed on 1 August 2019). [41]

Interreg Europe (2019), *Sustainable Energy Action Plan (SEAP)*, Interreg Europe, https://www.interregeurope.eu/ (accessed on 3 August 2019). [15]

Kirchherr, J., D. Reike and M. Hekkert (2017), "Conceptualizing the circular economy: An analysis of 114 definitions", *Resources, Conservation and Recycling*, Vol. 127, pp. 221-232, http://dx.doi.org/10.1016/j.resconrec.2017.09.005. [4]

Lomas, P. and O. Carpintero (2017), *Metabolismo y Huella ecológicade la alimentación: El caso de Valladolid (Diagnóstico para la Estrategia Alimentaria Local)*, http://www.alimentavalladolid.info/wp-content/uploads/2017/11/Metabolismo-Alimentario-Valladolid_definitivo.pdf (accessed on 21 October 2019). [13]

McCarthy, A., R. Dellink and R. Bibas (2018), "The Macroeconomics of the Circular Economy Transition: A Critical Review of Modelling Approaches", *OECD Environment Working Papers*, No. 130, OECD Publishing, Paris, https://dx.doi.org/10.1787/af983f9a-en. [27]

OCDE (2012), *OECD Environmental Outlook to 2050: The Consequences of Inaction*, OECD Publishing, Paris, https://doi.org/10.1787/9789264122246-en. [18]

OECD (2019), *Global Material Resources Outlook to 2060: Economic Drivers and Environmental Consequences*, OECD Publishing, Paris, https://dx.doi.org/10.1787/9789264307452-en. [19]

OECD (2019), *OECD Metropolitan Explorer*, http://www.oecd.org/cfe/regional-policy/regionalstatisticsandindicators.htm. [1]

OECD (2019), *OECD Survey on the Circular Economy in Cities and Regions*, OECD, Paris. [5]

Puente, O. (2018), *Interview to the Mayor of Valladolid, Óscar Puente*, http://www.municipiosyeconomiacircular.org/entrevistas/2018/3/5/oscar-puente-alcalde-de-valladolid (accessed on 31 May 2019). [6]

UN (2018), "68% of the world population projected to live in urban areas by 2050", United Nations, http://www.un.org/development/desa/en/news/population/2018-revision-of-world-urbanization-prospects.html (accessed on 6 November 2019). [24]

UNEP (2013), *UNEP-DTIE Sustainable Consumption and Production Branch*. [25]

UNEP/IWSA (2015), *Global Waste Management Outlook*. [42]

Valladolid en Cifras (2019), *Homepage*, http://www.valladolidencifras.es/ (accessed on 11 June 2019). [36]

Valladolid Municipality (2020), *Cómo llegar - Portal de Cultura y Turismo de Valladolid*, https://www.info.valladolid.es/como-llegar. [30]

Valladolid Municipality (2019), *Datos de empleo. Ayuntamiento de Valladolid*. [39]

Valladolid Municipality (2019), *Gestión de residuos. Ayuntamiento de Valladolid*. [31]

Valladolid Municipality (2019), *Valladolid en Cifras Website*, http://www.valladolidencifras.es/ (accessed on 11 June 2019). [3]

Notas

[1] Las concentraciones de contaminantes atmosféricos se refieren en particular a las partículas (PM10).

[2] Amec Foster Wheeler: véanse los perfiles de las áreas de interés en este documento (pp. 20-30) (2015), https://www.lwarb.gov.uk/wp-content/uploads/2015/12/LWARB-circular-economy-report_web_09.12.15.pdf.

[3] Para más información, consulte: https://www.paris.fr/economiecirculaire.

[4] El proyecto REMOURBAN promueve la movilidad eléctrica y la eficiencia energética de los edificios (por ejemplo, en el distrito FASA del barrio de Las Delicias). El proyecto Urban Green Up, que se ejecutará hasta 2023, aporta soluciones basadas en la naturaleza para lograr una ciudad más resiliente.

[5] El porcentaje de población menor de 15 años en relación con la población mayor de 64 años.

[6] Los datos disponibles para 2018 muestran los siguientes valores del PIB: Castilla y León (24.397 euros) y España (25.854 euros) (INE, 2018[43]).

[7] El sector de la automoción cuenta con 42 empresas radicadas en la provincia, entre las que se encuentran filiales de grandes firmas internacionales (Iveco, Michelin y Renault) que crean 14.000 empleos directos y producen una media de 7 millones de euros al año (INNOLID 2020+, 2017[23]).

[8] A nivel municipal, los datos de desempleo se calculan considerando el número de trabajadores desempleados inscritos en el Servicio Público de Empleo Estatal (SEPE) en relación con la población activa (entre 16 y 64 años) (Ayuntamiento de Valladolid, 2019[42]).

2 Evaluar y potenciar la economía circular en Valladolid, España

Este capítulo detalla los principales componentes de las estrategias e iniciativas de economía circular existentes promovidas por el Gobierno español, la Comunidad Autónoma de Castilla y León y la ciudad de Valladolid, España. El capítulo también identifica los actores, las políticas y las herramientas de cooperación en las zonas urbanas y rurales que pueden fomentar la economía circular. Por último, describe los principales retos a los que se enfrenta la ciudad de Valladolid en su transición de una economía lineal a una circular.

Un proyecto en curso sobre la economía circular a nivel nacional

La Estrategia Española de Economía Circular a 2030 (*España Circular 2030*) fue desarrollada en 2018 pero aún no ha sido aprobada. La Estrategia Española de Economía Circular (2018[1]) fue impulsada conjuntamente en 2018 por el Ministerio de Agricultura, Pesca y Alimentación, y el Ministerio de Economía, Industria y Competitividad. A ello contribuyó una comisión interministerial formada por nueve ministerios[1] y la Oficina Económica del Presidente en ese momento, junto con las comunidades autónomas y la Federación Española de Municipios y Provincias (FEMP). Tras las elecciones de noviembre de 2019, la comisión interministerial añadió nuevos ministerios (por ejemplo, el Ministerio de Educación y Formación Profesional) a los nueve anteriores, al tiempo que cada ministerio afrontó cambios organizativos en sus áreas de responsabilidad.[2] La estrategia tiene una visión a largo plazo que se espera implementar a través de planes de acción a corto plazo, permitiendo los ajustes necesarios para completar la transición para 2030 (Recuadro 2.1). El Plan de Acción Nacional para 2019-20 anexo a la estrategia prevé un presupuesto de 630 millones de euros para 4 áreas temáticas (producción y diseño, consumo, gestión de residuos, materiales secundarios y reutilización del agua) y 3 áreas transversales (sensibilización y participación, investigación y desarrollo, y empleo y formación) (Government of Spain, 2018[1]).

Recuadro 2.1. El proceso de la Estrategia Española de Economía Circular

Un paso clave para el desarrollo de la estrategia nacional sobre la economía circular fue el Pacto por una Economía Circular, comprometiendo a los principales actores económicos y sociales de España en modelos de negocio circulares. El pacto fue el resultado de un taller organizado en 2017 por los Ministerios de Agricultura y Pesca, Alimentación y Medio Ambiente, y de Economía, Industria y Competitividad. En él se reunieron funcionarios de la Unión Europea (UE), representantes nacionales, regionales y municipales, instituciones especializadas en la economía circular y organizaciones de la sociedad civil (Government of Spain, 2018[1]). En septiembre de 2019 un total de 347 partes interesadas se adhirieron al pacto. La adhesión sigue abierta a nuevas partes interesadas.

La parte firmante del Pacto por una Economía Circular se comprometió a impulsar la transición hacia una economía circular a través de diez acciones:

1. Reducir el uso de recursos no renovables y promover la reutilización de materiales secundarios.
2. Fomentar el análisis del ciclo de vida de los productos y el diseño ecológico.
3. Promover la aplicación de los principios de la jerarquía de residuos.
4. Avanzar en la innovación y la eficiencia de los procesos de producción.
5. Fomentar modelos de consumo sostenibles.
6. Promover un modelo de consumo responsable mediante medidas de transparencia y ecoetiquetas.
7. Establecer canales institucionales para crear sinergias entre las administraciones públicas, la comunidad científica y los agentes económicos y sociales.
8. Difundir la importancia de la transición hacia una economía circular.
9. Promover el uso de indicadores comunes para medir el grado de avance de la economía circular.
10. Incluir indicadores de impacto social y medioambiental derivados de la actuación de las empresas.

En 2018, tras el pacto, la Estrategia Española de Economía Circular incorporó casi 2.000 observaciones de las comunidades autónomas, de la Federación Española de Municipios y Provincias

(FEMP) y de los ciudadanos. Durante el proceso de elaboración de la estrategia se creó una comisión interministerial para la economía circular. Está previsto que la comisión interministerial siga reuniéndose al menos una vez al año para evaluar y supervisar la aplicación de la estrategia nacional. La comisión interministerial creó un grupo de trabajo para las comunidades autónomas, encargado de formar otros grupos de trabajo para seguir aplicando la estrategia. Por último, una de las acciones del Acuerdo del Consejo de Ministros por el que se aprueba la Declaración del Gobierno ante la emergencia climática y ambiental, aprobado por el Gobierno de España en enero de 2020, insta a "avanzar en la circularidad de la economía en sectores y procesos económicos e industriales, y adoptar la Estrategia de Economía Circular y una Ley de Residuos que aborde, entre otras cuestiones, el problema de los plásticos de un solo uso, para alcanzar 'residuo cero' en el horizonte 2050".

Fuente: Government of Spain (2018[1]), *España Circular 2030, Estrategia Española de Economía Circular*, http://www.miteco.gob.es/images/es/180206economiacircular_tcm30-440922.pdf (accessed on 31 May 2019); Ministry for Ecological Transition and the Demographic Challenge (2018[2]), *Información pública de la estrategia Española de Economía Circular*, https://www.miteco.gob.es/es/calidad-y-evaluacion-ambiental/participacion-publica/Residuos-2018-Nota-sobre-proceso-informacion-publica-estrategia-espanola-economia-circular.aspx; Government of Spain (2020[3]) *Acuerdo de Consejo de Ministros por el que se aprueba la Declaración del Gobierno ante la emergencia climática y ambiental*, https://www.miteco.gob.es/es/prensa/declaracionemergenciaclimatica_tcm30-506551.pdf (accessed 26 February 2020); Ministry for Ecological Transition and the Demographic Challenge (2020[4]), *El Gobierno declara la emergencia climática*, https://www.miteco.gob.es/es/prensa/200121cmindeclaracionemergencia_tcm30-506549.pdf (accessed 20 February 2020).

La Estrategia Española de Economía Circular refleja los objetivos del Paquete de Economía Circular de la UE e identifica los sectores prioritarios (Recuadro 2.5). La estrategia nacional tiene 12 objetivos estratégicos generales y pretende reducir en un 30% el consumo nacional de materiales en relación con el producto interior bruto (PIB) para 2030, tomando 2015 como año de referencia. En 2019 se ha incorporado el objetivo específico de aumentar la eficiencia de los materiales (por ejemplo, reducir las materias primas utilizadas durante la producción). El Gobierno se centra en cinco sectores: construcción, agroalimentación, industria, turismo y bienes de consumo. Los resultados de la estrategia se supervisarán y evaluarán mediante indicadores que reflejen los definidos por la UE con el fin de aumentar la coherencia entre ambos enfoques. Además, ocho indicadores específicos, correspondientes a las áreas del Plan de Acción Nacional, completan el sistema de seguimiento. Estos indicadores se refieren a: producción y consumo; materias primas secundarias; reparación, reutilización y reciclaje; fiscalidad de la reutilización del agua; investigación, innovación y competitividad; participación y sensibilización; y empleo y formación (Tabla 2.1).

La Agenda Urbana Española incluye el fomento de la economía circular como uno de sus diez objetivos estratégicos. La Agenda Urbana Española (AUE) es un documento estratégico de carácter voluntario que persigue la consecución de la sostenibilidad en las políticas de desarrollo urbano en España, promovido por el Ministerio de Fomento en 2019 (2019[5]). El cuarto objetivo de la Agenda Urbana Española consiste en "la gestión sostenible de los recursos y favorecer la economía circular" (Ministry of Development, 2019[5]). En la actualidad, 1.362 millones de euros del eje urbano del Fondo Europeo de Desarrollo Regional (FEDER) en Estrategias de Desarrollo Urbano Sostenible e Integrado están disponibles para financiar proyectos relacionados con los Objetivos Estratégicos de la Agenda Urbana Española, entre los que se encuentra favorecer la economía circular (Ministry of Development, 2019[5]). En 2020, el Ministerio de Transportes, Movilidad y Agenda Urbana y la Federación Española de Municipios y Provincias (FEMP) crearon un foro permanente de ciudades (Foro Ciudades) para reuniones bilaterales entre los gobiernos nacionales y locales sobre la Agenda Urbana.

Tabla 2.1. Indicadores para el seguimiento de la Estrategia Española de Economía Circular

Objetivo	Indicador	Descripción	Último valor disponible y unidad de medida
Producción y diseño			
Reducir el uso de materias primas en los procesos de producción, fomentando el reciclaje y los materiales reparables, minimizando la introducción de sustancias nocivas e impulsando la economía de forma más sostenible y eficiente	Productividad del material	PIB por unidad de consumo de material doméstico	2,745 euros/tonelada
Consumo			
Reducir la huella ecológica, fomentando hábitos de consumo responsables para evitar el desperdicio de alimentos y reducir el consumo de materias primas no renovables	Consumo de material doméstico	Cantidad de material utilizado directamente en la economía	402.789.351 miles de toneladas
Gestión de residuos			
Aplicar eficazmente la jerarquía de residuos para impulsar la prevención, la reducción, la reutilización y el reciclaje	Tasa de reciclaje	Resultado de la división de los residuos de reciclaje entre los residuos tratados en porcentaje	37,1% (masa)
Comercio de materias primas secundarias			
Garantizar la protección del medio ambiente y la salud humana reduciendo el consumo de recursos naturales no renovables y reintroduciendo materiales secundarios en el proceso de producción	Balance del comercio de materias primas de reciclaje	Exportación-importación de residuos y subproductos	-3.989 toneladas
Agua reutilizada			
Promover el uso eficiente del agua para permitir la protección de la calidad y la cantidad de las masas de agua con un aprovechamiento sostenible e innovador	Volumen de agua reutilizada	Volumen de agua residual regenerada utilizada para la industria, el riego de jardines, centros deportivos y zonas de recreo, el alcantarillado y la limpieza de calles, y otros usos	1.453.995 m3/día
Investigación, innovación y competitividad			
Promover el desarrollo y la aplicación de nuevos conocimientos, tecnología e innovación en procesos, servicios y modelos de negocio, fomentando la colaboración público-privada y promoviendo la inversión privada en investigación, desarrollo e innovación (I+D+i)	Las patentes relacionadas con el reciclaje y las materias primas secundarias como indicador de la innovación	Número de patentes registradas en reciclaje y materias primas secundarias	28,65 patentes
Participación y sensibilización			
Promover la implicación de las entidades económicas y sociales en general, y de los ciudadanos en particular, para concienciar sobre los retos medioambientales, económicos y tecnológicos actuales y la necesidad de aplicar de forma generalizada la jerarquía de residuos	Número de firmantes de la economía circular	Número de firmantes del Pacto por la Economía Circular	55 firmantes
Empleo y formación			
Promover la creación de nuevos empleos y mejorar los existentes en un marco de economía circular	Número de puestos de trabajo en la economía circular		..

Fuente: Government of Spain (2018[1]), *España Circular 2030, Estrategia Española de Economía Circular*, http://www.miteco.gob.es/images/es/180206economiacircular_tcm30-440922.pdf (accessed on 31 May 2019).

Para orientar a los municipios y provincias hacia la transición a la economía circular, la Federación Española de Municipios y Provincias (FEMP) ha desarrollado un Modelo de Estrategia Local de Economía Circular (2019[6]). El modelo de estrategia es un documento no vinculante realizado por y para los municipios y provincias como guía para avanzar hacia la circularidad y la sostenibilidad en varios sectores. El documento está estrictamente vinculado a la Agenda 2030 para el Desarrollo Sostenible (Recuadro 2.2). En un sistema descentralizado como el de España, donde hay más de 8.131 municipios (INE, 2020[7]) cada municipio puede desarrollar su propio programa de sostenibilidad, en función de sus necesidades y capacidades. La estrategia define cuatro ejes estratégicos de trabajo e identifica áreas transversales:

- Uso de los recursos naturales: Consiste en acciones de prevención y reutilización de materiales secundarios y de gestión sostenible de residuos.
- Gestión del consumo de agua: Implica la optimización de las redes de suministro de agua y de alcantarillado y la reutilización de las aguas residuales.
- Sostenibilidad de los espacios urbanos: Promueve un enfoque urbanístico preventivo y regenerativo para recuperar los barrios antiguos de la ciudad, mejorar la resiliencia y la eficiencia energética y la movilidad sostenible para cumplir con las normas de la UE y de la Organización Mundial de la Salud sobre la calidad del aire.
- Hábitos y espacios saludables: Tiene como objetivo fomentar los territorios saludables (por ejemplo, el desarrollo sostenible rural y urbano, los hábitos saludables), el consumo responsable y la minimización del desperdicio de alimentos.
- Áreas transversales: Consiste en medidas que abarcan la contratación pública sostenible e innovadora, el desarrollo y la aplicación de nuevas tecnologías digitales, la transparencia y la gobernanza compartida, y la comunicación y la sensibilización.

El Modelo de Estrategia Local de Economía Circular de la FEMP ofrece un cuestionario de autoevaluación para que cada municipio pueda medir lo avanzado que está en materia de circularidad. La metodología aplicada en la estrategia comienza con una etapa de diagnóstico. Esta etapa consiste en un cuestionario "sí/no" que enumera las 175 acciones de la estrategia detalladas en 4 ejes estratégicos y 25 medidas. De acuerdo con el Modelo de Estrategia Local de Economía Circular de la FEMP, cada municipio, atendiendo al número de acciones que están en marcha, puede evaluar su nivel de circularidad: bajo (0-1 acciones), moderado (2-3 acciones), alto (4-5 acciones), muy alto (6 -7 acciones). Este diagnóstico puede ser el primer paso para la elaboración de un programa de economía circular a nivel local y el diseño de un plan de seguimiento (FEMP, 2019[6]).

Recuadro 2.2. La economía circular en las ciudades y regiones y los Objetivos de Desarrollo Sostenible

La Agenda 2030 para el Desarrollo Sostenible, adoptada en 2015 por los Estados miembros de las Naciones Unidas (ONU), incluye 17 Objetivos de Desarrollo Sostenible (ODS). La finalidad de la Agenda 2030 es establecer un plan de 15 años para acabar con la pobreza y otras privaciones, al tiempo que se aplican estrategias que mejoran la salud y la educación, reducen la desigualdad, promueven el crecimiento económico y hacen frente al cambio climático.

La economía circular es un interesante vehículo de aplicación del ODS 12, que se compromete a establecer modelos de consumo y producción más sostenibles y responsables. Además, es relevante para la consecución de los ODS 6 (agua), 7 (energía), 11 (ciudades y comunidades sostenibles), 13 (acción por el clima) y 15 (vida de ecosistemas terrestres) (Figura 2.1).

Figura 2.1. La economía circular en las ciudades y regiones y los Objetivos de Desarrollo Sostenible

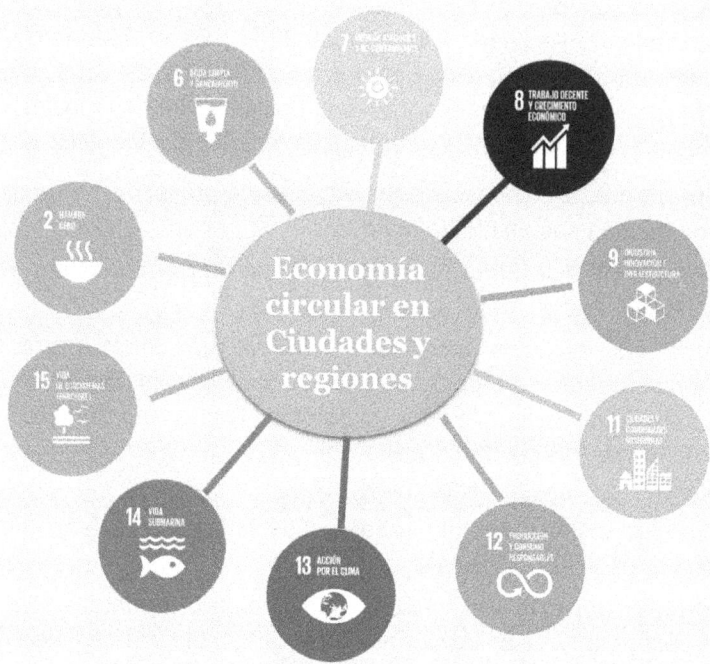

Fuente: OECD (forthcoming[8]), *The Circular Economy in Cities and Regions*, Synthesis Report, OECD Publishing, Paris.

El ODS 12 se compone de 11 metas y 13 indicadores (Tabla 2.2).

Tabla 2.2. Metas e indicadores del ODS 12

	Objetivos		Indicadores
12.1	Aplicar el marco decenal de programas sobre consumo y producción sostenibles, actuando todos los países, con los países desarrollados a la cabeza, teniendo en cuenta el desarrollo y las capacidades de los países en desarrollo	12.1.1	Número de países con planes de acción nacionales de consumo y producción sostenibles (CPS) o con CPS integrado como una prioridad o un objetivo en las políticas nacionales
12.2	Para 2030, lograr la gestión sostenible y el uso eficiente de los recursos naturales	12.2.1	Huella material, huella material per cápita y huella material por PIB
		12.2.2	Consumo de material doméstico, consumo de material doméstico per cápita y consumo de material doméstico por PIB
12.3	Para 2030, reducir a la mitad el desperdicio de alimentos per cápita a nivel de minoristas y consumidores y reducir las pérdidas de alimentos a lo largo de las cadenas de producción y suministro, incluidas las pérdidas posteriores a la cosecha	12.3.1	Índice mundial de pérdida de alimentos
12.4	Para 2020, lograr una gestión ambientalmente racional de los productos químicos y de todos los residuos a lo largo de su ciclo de vida, de acuerdo con los marcos internacionales acordados, y reducir significativamente su liberación en la atmósfera, el agua y el suelo para minimizar sus impactos adversos sobre la salud humana y el medio ambiente	12.4.1	Número de partes en los acuerdos multilaterales internacionales sobre el medio ambiente relativos a los residuos peligrosos y otros productos químicos que cumplen sus compromisos y obligaciones de transmitir la información exigida por cada acuerdo pertinente
		12.4.2	Residuos peligrosos generados per cápita y proporción de residuos peligrosos tratados, por tipo de tratamiento
12.5	Para 2030, reducir sustancialmente la generación de residuos mediante la prevención, la reducción, el	12.5.1	Tasa de reciclaje nacional, toneladas de material reciclado

	reciclaje y la reutilización		
12.6	Animar a las empresas, especialmente a las grandes y transnacionales, a adoptar prácticas sostenibles y a integrar la información sobre sostenibilidad en su ciclo de información	12.6.1	Número de empresas que publican informes de sostenibilidad
12.7	Promover prácticas de contratación pública que sean sostenibles, de acuerdo con las políticas y prioridades nacionales	12.7.1	Número de países que aplican políticas y planes de acción de contratación pública sostenible
12.8	Para 2030, garantizar que las personas de todo el mundo dispongan de la información y la concienciación pertinentes para el desarrollo sostenible y los estilos de vida en armonía con la naturaleza	12.8.1	Medida en que: i) la educación para la ciudadanía mundial y ii) la educación para el desarrollo sostenible (incluida la educación sobre el cambio climático) se integran en: a) las políticas educativas nacionales, b) los planes de estudio, c) la formación de los profesores y d) la evaluación de los alumnos
12.a	Apoyar a los países en desarrollo para que refuercen su capacidad científica y tecnológica con el fin de avanzar hacia modelos de consumo y producción más sostenibles	12.a.1	Cuantía del apoyo a los países en desarrollo en materia de investigación y desarrollo para el consumo y la producción sostenibles y las tecnologías ecológicas
12.b	Desarrollar y aplicar herramientas para supervisar los impactos del desarrollo sostenible para un turismo sostenible que cree puestos de trabajo y promueva la cultura y los productos locales	12.b.1	Número de estrategias o políticas de turismo sostenible y planes de acción aplicados con herramientas de seguimiento y evaluación acordadas
12.c	Racionalizar las subvenciones ineficientes a los combustibles fósiles que fomentan el consumo despilfarrador, eliminando las distorsiones del mercado, de acuerdo con las circunstancias nacionales, incluso reestructurando la fiscalidad y eliminando progresivamente esas subvenciones perjudiciales, cuando existan, para reflejar sus impactos ambientales, teniendo plenamente en cuenta las necesidades y condiciones específicas de los países en desarrollo y minimizando los posibles impactos adversos en su desarrollo de manera que se proteja a los pobres y a las comunidades afectadas	12.c.1	Importe de las subvenciones a los combustibles fósiles por unidad de PIB (producción y consumo) y como proporción del gasto nacional total en combustibles fósiles

Fuente: UN (2019[9]), *Goal 12: Sustainable Development Knowledge Platform*, https://sustainabledevelopment.un.org/sdg12 (accessed on 7 February 2020).

El programa de la OCDE "Un enfoque territorial para los ODS" ha desarrollado un marco integral de indicadores para medir en qué punto se encuentran las ciudades y regiones en su trayectoria de implementación de los ODS. En lo que respecta específicamente al ODS 12, el programa ha identificado tres indicadores para medir el progreso sobre este objetivo (Tabla 2.3).

Tabla 2.3. Indicadores de la OCDE para un enfoque territorial del ODS12

Objetivo	Descripción del indicador	Escala subnacional	Fuente	Dirección deseada
ODS12. Consumo responsable	Tasa de residuos municipales (kilos per cápita)	TL2 y área urbana funcional (AUF)	Base de datos regional de la OCDE (TL2) y Eurostat (AUF)	Negativo
	Porcentaje de residuos municipales que se reciclan	TL2	Base de datos regional de la OCDE	Positivo
	Número de vehículos de motor de carretera por cada 100 personas	TL2 y F Área urbana funcional (AUF)	Base de datos regional de la OCDE (TL2) y Eurostat (AUF)	Negativo

> Nota: Las áreas urbanas funcionales (AUF) son unidades económicas caracterizadas por una ciudad (o núcleo) y una zona de desplazamiento que está funcionalmente interconectada con la ciudad. Una ciudad es una unidad administrativa local (es decir, UAL para los países europeos, como municipio, autoridades locales, etc.) en la que al menos el 50% de su población vive en un centro urbano. Un centro urbano se define como una agrupación de celdas cuadriculadas contiguas de 1 km2 con una densidad de al menos 1.500 habitantes por km2 y una población de al menos 50.000 habitantes en total.
> El nivel territorial 2 (TL2) de la clasificación de la OCDE se refiere a las regiones administrativas regionales establecidas oficialmente en cada país.
> Fuente: OECD (2020[10]), *A Territorial Approach to the Sustainable Development Goals: Synthesis report*, https://dx.doi.org/10.1787/e86fa715-en and OECD (2012[11]), *Functional Urban Areas by Country*, https://www.oecd.org/cfe/regional-policy/functionalurbanareasbycountry.htm
>
> Fuentes: UN (2019[9]), *Goal 12: Sustainable Development Knowledge Platform*, https://sustainabledevelopment.un.org/sdg12 (accessed on 7 February 2020); OECD (2020[10]), *A Territorial Approach to the Sustainable Development Goals: Synthesis Report*, https://dx.doi.org/10.1787/e86fa715-en.

Iniciativas circulares en la Comunidad Autónoma de Castilla y León

En la Comunidad Autónoma de Castilla y León se han puesto en marcha varias iniciativas para promover la transición hacia la economía circular. Desde 2015, la economía circular se incluyó como parte del programa del Gobierno como medio para impulsar la economía regional (Castile and León Environment Department, 2018[12]). Posteriormente, se sucedieron varias iniciativas:

- Estrategia: La Estrategia de Economía Circular de Castilla y León 2020-30 está en proceso de elaboración. El proceso de elaboración de la estrategia se inició en 2016 con la creación de un grupo de expertos y la presentación de una hoja de ruta, que incluía los siguientes pasos: estructura de participación; análisis de recursos disponibles, sectores estratégicos y actores; identificación de necesidades e instrumentos existentes; acciones e indicadores de seguimiento (Castile and León Environment Department, 2018[12]). La región se caracteriza por tres actividades económicas principales: la ganadería, la minería y la bioeconomía. La bioeconomía tiene un papel clave en la estrategia como forma potencial de sustituir los materiales no renovables importados. El aumento de la productividad en el uso de materiales será clave para la región (usar menos, reutilizar más). Finalmente, la estrategia presenta varios objetivos relacionados con un cambio en los modelos económicos, productivos y de consumo como son: ir más allá de las soluciones de gestión de residuos; reducir el uso de materiales vírgenes, sustituyéndolos por materiales secundarios de base biológica; aumentar la reutilización; promover el comercio local, como uno de los principales promotores de la economía circular; y avanzar en el trabajo a través de un enfoque sectorial.
- Investigación: La estrategia regional de economía circular identificó seis sectores prioritarios y cuatro áreas de acción prioritarios para la economía circular. Los sectores prioritarios son: agroalimentación, automoción, salud y calidad de vida, turismo y patrimonio, energía y medio ambiente, y hábitat. Los temas de acción prioritarios son: investigación sobre ecoinnovación, concepción de los residuos como recurso, nuevos modelos de consumo, creación de capacidades, sensibilización y participación, financiación, y seguimiento y medición del impacto socioeconómico (Castile and León Environment Department, 2018[12]). En 2018, Castilla y León ha incluido la economía circular en el proyecto en curso *Estrategias de Investigación e Innovación para la Especialización Inteligente* (RIS 3) de la UE. Se ha realizado un análisis del flujo de materiales a pesar de la falta de indicadores de datos adecuados a nivel regional.
- Desarrollo de capacidades: Durante 2017-19, el programa regional de formación y apoyo a la investigación, desarrollo e innovación denominado Centr@tec impartió ocho talleres sobre la

economía circular a empresas y emprendedores con sede en la región. Los talleres se centraron en: ecoinnovación, nuevos modelos de negocio, materia orgánica y bioeconomía, residuos como recurso, el sector de la automoción, el sector de la construcción, oportunidades de negocio agroalimentario e industria y materias primas (Castile and León Environment Department, 2018[12]). La Fundación Patrimonio Natural de la Comunidad Autónoma de Castilla y León también organiza formación sobre Compra Pública Verde (Natural Heritage of Castile and León, 2018[13]). El "Circular Lab" ofrece espacios de *coworking* y emprendimiento en la ciudad de Valladolid, así como programas de capacitación para emprendedores.
- Sensibilización: Se han puesto en marcha una serie de iniciativas como: los eventos "Circular Deals", cuyo objetivo es identificar las barreras a la transición circular en las regiones; y el "Living Lab", que promueve acciones de consumo sostenible entre los ciudadanos.

Iniciativas de la economía circular en Valladolid, España

En Valladolid, las actividades relacionadas con la economía circular son promovidas por la Concejalía de Innovación, Desarrollo Económico, Empleo y Comercio y por su brazo técnico, la Agencia de Innovación y Desarrollo Económico. Los principales objetivos de la agencia son promover el desarrollo económico y sostenible de la ciudad y apoyar el empleo, el emprendimiento y la innovación. Desde 2017, la agencia se encarga de desarrollar las líneas estratégicas de trabajo de la economía circular. La agencia considera que la transición hacia una economía circular es clave para lograr el objetivo de reducir los residuos, al tiempo que se crean nuevos puestos de trabajo y se potencia la innovación (Agency of Innovation and Economic Development, 2019[14]). Desde junio de 2019, el nuevo gobierno municipal ha incluido la definición de una estrategia de economía circular como uno de sus objetivos programáticos 2019-23 (Agency of Innovation and Economic Development, 2019[14]).

La ciudad de Valladolid promueve proyectos de economía circular a través de subvenciones municipales. En 2017 y 2018, la ciudad lanzó dos convocatorias de proyectos para financiar iniciativas de economía circular con el objetivo de estimular a las empresas locales y las actividades emprendedoras, al tiempo que se sensibiliza sobre la economía circular. El gobierno local financió un total de 61 proyectos (22 y 39 en 2017 y 2018 respectivamente), asignando un presupuesto de 960.000 euros (400.000 y 560.000 euros en 2017 y 2018 respectivamente). La ciudad financió entre el 40% y el 85% del coste total del proyecto. Los beneficiarios de las ayudas fueron empresas privadas, asociaciones de empresas privadas, entidades sin ánimo de lucro y centros de investigación con sede en el municipio de Valladolid (Anexo A). Para la convocatoria 2019-21 se asignan 600.000 euros adicionales (este importe representa el 0,17% del presupuesto anual de la ciudad). Se han actualizado las normas de financiación para las convocatorias 2019-20, previendo la cofinanciación (10%) por parte de los proyectos ganadores y una transferencia de la subvención en dos fases, por la que el 80% se concede en la fase de inicio del proyecto y el 20% restante una vez mostrados los resultados del mismo (en convocatorias anteriores el 100% de la financiación se daba al inicio del proyecto). En Recuadro 2.3 se ilustran ejemplos de otros instrumentos de financiación para la economía circular e iniciativas relacionadas en curso.

Recuadro 2.3. Instrumentos de financiación para la economía circular: Prácticas internacionales

Existen varias iniciativas (a nivel local, nacional e internacional) que tratan de acelerar la transición hacia una economía circular mejorando el acceso a la financiación de proyectos de economía circular:

- **Fondos rotatorios**: La ciudad de Ámsterdam (Países Bajos), a través del Fondo de Clima y Energía de Ámsterdam (ACEF, por sus siglas en inglés) y del Fondo de Sostenibilidad, invirtió en más de 65 proyectos relacionados con el clima, la sostenibilidad y la calidad del aire por un total de 30 millones de euros. Los fondos rotatorios permiten reinvertir los ingresos en un plazo de 15 años para financiar otros proyectos de producción de energía sostenible, eficiencia energética o economía circular. Cada uno de los proyectos financiados debe contribuir a los objetivos de la Agenda de Sostenibilidad aprobada por el Ayuntamiento en 2015. En cuanto a la naturaleza de la financiación, el ACEF ofrece financiación en forma de préstamos, garantías y/o capital social, con un máximo de 5 millones de euros por proyecto.

- **Capital riesgo y capital de crecimiento**: La Junta de Residuos y Reciclaje de Londres (LWARB, por sus siglas en inglés) apoya a las empresas circulares a través del Programa de Apoyo a las Empresas de la Economía Circular. El fondo de capital riesgo apoya a las pequeñas y medianas empresas (PYMES) de la economía circular en varias etapas de la financiación inicial y en la ampliación de las empresas que ya están en el mercado. Además, el LWARB, a través del Fondo Europeo de Crecimiento Circularity 1, operado por Circularity Capital, busca oportunidades de inversión en empresas circulares con flujo de caja y beneficios probados, que necesitan un capital significativo para escalar.

- **Préstamos y fondos**: El Banco Europeo de Inversiones (BEI) ofrece préstamos a medio y largo plazo para proyectos de economía circular a gran escala y financiación indirecta a través de bancos locales y otros agentes para proyectos más pequeños, especialmente relacionados con las pymes. Otros nuevos modelos de proyectos de economía circular también pueden ser financiados por el Fondo Europeo para Inversiones Estratégicas (FEIE),[3] y InnovFin[4]. En 2020, el BEI, en el marco de la Asociación de la Agenda Urbana para la Economía Circular, lanzó la "Guía de Financiación de Ciudades Circulares" para proporcionar una visión general de las herramientas de financiación disponibles para las ciudades, las empresas y las partes interesadas que deseen avanzar hacia una economía circular. Los diferentes tipos de herramientas de financiación se organizan en las siguientes categorías: garantías, capital, deuda, subvenciones y fuentes de financiación alternativas.

- **Bonos**: Los bancos privados están mostrando un creciente interés en la transición a la economía circular. En 2019, por primera vez, un banco privado italiano emitió un "bono sostenible" para proyectos de economía circular (se destinaron 750 millones de euros a este fin). Un banco holandés tiene previsto destinar 1.000 millones de euros en los próximos cinco años para financiar proyectos circulares con el objetivo de ahorrar un millón de toneladas de CO_2 en cinco años. Los proyectos seleccionados reciben una evaluación circular inicial y son guiados en la identificación de oportunidades circulares. La red FinanCE, creada en 2014, reúne a bancos comerciales y públicos e inversores institucionales interesados en apoyar la transición circular.

Fuente: C40 Cities (2016[15]), *C40 Good Practice Guides: Amsterdam - Sustainability Fund and Amsterdam Climate and Energy Fund*, http://www.c40.org/case_studies/c40-good-practice-guides-amsterdam-sustainability-fund-and-amsterdam-climate-energy-fund (accessed on 6 June 2019); London Waste and Recycling Board (2019[16]), *London Waste and Recycling Board Website*, http://www.lwarb.gov.uk/ (accessed on 6 June 2019); EC (2019[17]), *Improving Access to Finance for Circular Economy Projects*, http://dx.doi.org/10.2777/983129; EIB (2019[18]), *The EIB Circular Economy Guide: Supporting the Circular Transition*, http://www.eib.org/attachments/thematic/circular_economy_guide_en.pdf (accessed on 2 August 2019); London Waste and Recycling Board (2019[19]), *Circular Economy Investment for Businesses in London*, http://www.lwarb.gov.uk/what-we-do/circular-london/circular-economy-investment-for-businesses/ (accessed on 5 August 2019); OECD (2019[20]), *OECD Highlights of the 1st OECD Roundtable on the Circular Economy in Cities and Regions*, OECD, Paris; Urban Agenda Partnership for Circular Economy (2020[21]), *The Circular City Funding Guide*, European Investment Bank, https://www.circularcityfundingguide.eu/ (accessed on 6 February 2020); OECD (forthcoming[8]), *The Circular Economy in Cities and Regions*, Synthesis Report, OECD, Paris.

Para ser elegibles, se pedía que los proyectos relacionados con la economía circular creasen empleo y retorno económico en la ciudad de Valladolid. Los criterios de elegibilidad fueron los siguientes: fomento del empleo, dimensión económica y social, calidad técnica y metodológica, relevancia ambiental, ecoinnovación y ecodiseño, carácter innovador, alcance del impacto cuantitativo y cualitativo, diversificación de los soportes y productos prioritarios (bioplásticos y residuos alimentarios). En la convocatoria de ayudas 2019-20 se han aplicado los mismos criterios para la selección de proyectos (detallados en el Anexo B). Sin embargo, se incorporaron nuevos aspectos como el textil y el caucho como sectores prioritarios a considerar por los solicitantes, además de los anteriores, como los plásticos, los bioplásticos y los residuos alimentarios. Durante el primer año de la subvención, en 2017, se seleccionaron un total de 23 proyectos de un total de 38. Los 15 proyectos que no fueron seleccionados no cumplían los criterios de calidad, medidos a través de umbrales predefinidos. En el segundo año, en 2018, el número de solicitudes aumentó hasta 60. Esto se debió muy probablemente a una mayor concienciación sobre el tema, así como a la mejora de las condiciones de solicitud (por ejemplo, un plazo más largo para poder participar en la convocatoria). En 2019, se seleccionaron un total de 32 proyectos de entre 70 proyectos candidatos.

Los proyectos en economía circular financiados en Valladolid se refieren a varios sectores, como los residuos, el agua y la energía. Los proyectos se centran en diferentes áreas como: i) la educación y la formación, mediante el desarrollo de habilidades y capital humano (por ejemplo, prácticas artesanales, talleres y tutorías); ii) la difusión, que consiste en sensibilizar y llevar el concepto de economía circular a la vida cotidiana (por ejemplo, compartir y reutilizar productos y bienes); iii) los estudios de investigación, que producen datos sobre el statu quo y el potencial de la economía circular en la ciudad que pueden informar las decisiones de política pública (por ejemplo, un estudio sobre el nivel de concienciación de las empresas y los ciudadanos hacia la economía circular, o una guía sobre cómo incluir en las licitaciones públicas de la ciudad el uso de residuos reciclados procedentes del sector de la construcción y la demolición); y iv) proyectos de aplicación, consistentes en el fomento de nuevas tecnologías (por ejemplo, bioenergía, paneles solares, reutilización de residuos de la industria del pistacho), el refuerzo de la participación ciudadana (por ejemplo, una plataforma en línea para compartir experiencias) y la creación de una comunidad de economía circular (por ejemplo, eventos de tutoría y creación de redes). Se está realizando un estudio de evaluación de los resultados del programa, pero la ciudad ha expresado la necesidad de establecer sinergias entre los proyectos y ampliarlos (Valladolid City Council, 2018[22]).

La ciudad fomenta la conexión entre las partes interesadas mediante el apoyo a los eventos de creación de redes. El *Circular Weekend*, uno de los proyectos municipales de subvención de la economía circular, consiste en un evento de dos días de duración celebrado en las instalaciones de la ciudad, para promover el aprendizaje entre iguales, lanzar ideas circulares, compartir modelos de negocio existentes y crear una red de personas interesadas en impulsar el enfoque de la economía circular. En las ediciones de 2017 y 2018 el evento acogió a casi 100 participantes que ofrecieron presentaciones, talleres y sesiones de tutoría. El *Circular Weekend* ha sido una oportunidad para conectar a las partes interesadas locales y estimular nuevos proyectos. Por ejemplo, algunos de los proyectos premiados (Anexo A) se presentaron a la convocatoria municipal de subvenciones tras participar en el *Circular Weekend*. En marzo de 2019, el municipio reunió a todos los proyectos ganadores de 2017 para presentar sus principales resultados y compartirlos con los ganadores de 2018. El último *Circular Weekend* tuvo lugar en junio de 2019 y atrajo a 50 participantes (Valladolid City Council, 2019[23]).

En 2018, la Agencia de Innovación y Desarrollo Económico desarrolló una Hoja de Ruta de la Economía Circular para la ciudad de Valladolid, como resultado de la experiencia de las subvenciones municipales. La Hoja de Ruta de la Economía Circular establece objetivos y acciones relacionadas (Tabla 2.4). La hoja de ruta es el resultado de las buenas prácticas recogidas a través de los proyectos de economía circular que se beneficiaron de las subvenciones municipales desde 2017, así como de los intercambios con otras ciudades y redes (por ejemplo, Pacto de Alcaldes, Eurocities, Ciudades Michelin, Red Española de Ciudades Inteligentes-RECI, etc.).

Tabla 2.4. La hoja de ruta de la economía circular: Objetivos y acciones

Objetivos	Acciones
Definir el enfoque	Apoyo político
	Cooperación técnica
	Enfoque transversal
Hacer un diagnóstico	Marco normativo
	Mapeo de los flujos, de las partes interesadas
	Conjuntos de datos
	Indicadores
	Evaluación comparativa
Concienciar y fomentar la participación	Plan de comunicación
	Talleres y seminarios
	Programa de formación
	Convocatoria de subvenciones
Promover la economía circular entre las empresas, los negocios y el ecosistema empresarial	Fomento del espíritu empresarial
	Circular Weekend
	Circular Lab
	Convocatoria de subvenciones
Posicionar a Valladolid como ciudad circular	Red de ciudades
	Proyectos y eventos internacionales

Fuente: Elaboración propia a partir de Valladolid Municipality (2018[24]), *Valladolid Roadmap towards a Circular Economy*.

Un Circular Lab tiene como objetivo crear capacidades entre los empresarios. En particular, este Laboratorio Circular se beneficia de los intercambios con otras ciudades de Portugal y España (Valladolid City Council, 2019[25]). Proporciona a los emprendedores y a las empresas de nueva creación especializadas en negocios de economía circular recursos operativos (espacios físicos, redes, etc.); ayuda a desarrollar capacidades adecuadas y a crear una actitud favorable entre los emprendedores hacia nuevas oportunidades profesionales e ideas de negocio; promueve la integración de la economía circular en la cultura empresarial y las ideas innovadoras en todas las fases de las cadenas de valor, a través de la creación de nuevos productos y procesos. El Circular Lab se creó en 2019. Está gestionado por la Agencia de Innovación y Desarrollo Económico del Ayuntamiento de Valladolid. Además, otro Circular Lab está gestionado por la Fundación Patrimonio Natural de la Comunidad Autónoma de Castilla y León. Los laboratorios circulares son proyectos financiados por la UE. Además, el gobierno local concede premios a las tesis de grado y máster que se centran en diez temas que la ciudad identificó como estratégicos, entre ellos la economía circular.

El marco analítico

El marco analítico utilizado en este informe se basa en tres dimensiones que ayudan a identificar soluciones a medida para las ciudades y regiones que desean pasar de una economía lineal a una circular (Figura 2.2):

- El nivel de avance de las ciudades y regiones en la transición a la economía circular: Avanzado, En proceso, Principiante.
- Herramientas e instrumentos para la transición según el marco de las 3P: En inglés, *People-Policies-Places* (Personas-Políticas-Lugares).
- Funciones de las ciudades y regiones para promover, facilitar y habilitar la economía circular.

Figura 2.2. Marco analítico de la OCDE: Nivel de avance, herramientas y funciones

Fuente: OECD (forthcoming[8]), *The Circular Economy in Cities and Regions*, Synthesis Report, OECD Publishing, Paris.

Según el nivel de avance hacia la transición a una economía circular, es posible identificar tres grupos de ciudades y regiones:

- **Avanzadas**: Ciudades y regiones que han desarrollado y puesto en marcha estrategias de economía circular. Estas ciudades muestran fuertes iniciativas innovadoras, así como una firme voluntad política a favor de la economía circular. Una importante prioridad futura para estas ciudades sería crear parámetros para medir los avances y evaluar sus políticas en vigor. Bruselas y la región de Flandes (Bélgica), París (Francia), Ámsterdam (Países Bajos) y Londres (Reino Unido) pertenecen a este grupo.
- **En progreso**: Las ciudades "en progreso" son aquellas que están tomando medidas hacia la economía circular, siguiendo iniciativas ad hoc. Las ciudades o regiones de este grupo han establecido recientemente programas específicos sobre la economía circular y/o están iniciando su aplicación. Están menos avanzadas en comparación con las avanzadas, pero ya han dado pasos clave hacia la economía circular. Es el caso de Rotterdam (Países Bajos), el Área Metropolitana de Barcelona (España) y Glasgow (Reino Unido), entre otros.
- **Principiantes**: Las ciudades de este grupo reconocen la importancia y el potencial de la economía circular y están explorando opciones para su aplicación. Estas ciudades ya han logrado buenos resultados en los niveles de reciclaje de residuos (Oslo, Noruega); reutilización del agua (Granada, España); han firmado compromisos políticos para avanzar hacia una economía circular (Milán y Prato, Italia); están empezando a desarrollar una estrategia de economía circular (Groningen, Países Bajos; Umeå, Suecia); o han incluido la economía circular en planes políticos más amplios (Helsinki y Oulu, Finlandia). Estas ciudades ven en la economía circular un medio para reducir el impacto medioambiental en las ciudades y aumentar al mismo tiempo el atractivo y la competitividad. La ciudad de Valladolid está incluida en este grupo.

Cada ciudad y región, independientemente de su nivel de avance, puede identificar las condiciones necesarias para la transición a una economía circular, asegurándose de que *las personas* se comprometen, *las políticas* se coordinan y los vínculos entre los *lugares* se establecen para cerrar los bucles (Marco de las 3P) (OECD, 2016[26]) :

- **Personas**: La economía circular es una responsabilidad compartida entre los niveles de gobierno y las partes interesadas. Como tal, es clave identificar a los actores que pueden desempeñar un papel en la transición y permitir el cambio cultural necesario hacia diferentes vías de producción y consumo, y nuevos modelos empresariales y de gobernanza. Por ejemplo, el sector empresarial puede determinar el cambio hacia nuevos modelos de negocio (por ejemplo, alquilar, reutilizar, compartir, etc.). Los ciudadanos, por su parte, toman constantemente decisiones de consumo y pueden influir en la producción.
- **Políticas**: La economía circular requiere un enfoque holístico y sistémico que atraviese las políticas sectoriales. Como los residuos de alguien pueden ser un recurso para otro, la economía circular ofrece la oportunidad de fomentar la complementariedad entre las políticas. La variedad de actores, sectores y objetivos hace que la economía circular sea sistémica por naturaleza. Implica un amplio enfoque político a través de la integración de políticas a menudo aisladas, desde las medioambientales, de desarrollo regional, agrícolas e industriales. Identificar estos sectores clave y las posibles sinergias es el primer paso para evitar la ejecución de proyectos fragmentados a corto y medio plazo debido a la falta de un enfoque sistémico.
- **Lugares**: Las ciudades y las regiones no son ecosistemas aislados, sino espacios de entrada y salida de materiales, recursos y productos, en conexión con las zonas circundantes y más allá. Por tanto, adoptar un enfoque funcional que vaya más allá de los límites administrativos de las ciudades es importante para la gestión de los recursos y el desarrollo económico. Los vínculos entre las zonas urbanas y rurales (por ejemplo, los relacionados con la bioeconomía, la agricultura y los bosques) son clave para promover la producción local y el reciclaje de los residuos orgánicos que se utilizarán en la proximidad de donde se producen, para evitar las externalidades negativas debidas al transporte. A nivel regional, se pueden cerrar y ralentizar los bucles relacionados con una serie de actividades económicas (por ejemplo, con la bioeconomía).

En consecuencia, y de acuerdo con los objetivos predefinidos a corto, medio y largo plazo, las ciudades y regiones pueden desempeñar un papel de *promotoras*, *facilitadoras* y *habilitadoras* en la transición de una economía lineal a una circular. En la práctica:

- Las ciudades pueden **promover** la economía circular, como ilustran las hojas de ruta y las estrategias establecidas en ciudades como Bruselas (Bélgica), París (Francia), Ámsterdam (Países Bajos) y Londres (Reino Unido). Estas estrategias identificaron prioridades, promovieron una serie de proyectos específicos e involucraron a las partes interesadas.
- Las ciudades pueden **facilitar** las conexiones entre empresas, ciudadanos y niveles de gobierno. Ayudan a dirigir y facilitar los contactos, informan sobre los proyectos existentes y proporcionan infraestructuras blandas y duras para las nuevas empresas circulares. La ciudad de Phoenix (Estados Unidos), por ejemplo, creó junto con la Universidad Estatal de Arizona una incubadora de la Red de Soluciones y Recursos de Innovación (RISN) para acompañar a las empresas en el cambio hacia una economía circular. En 2017, la ciudad de París (Francia) puso en marcha una incubadora de la economía circular que acoge a 19 empresas de nueva creación.
- Las ciudades pueden ser **habilitadoras** en la transición a la economía circular proporcionando las herramientas económicas y de gobernanza adecuadas. Las ciudades pueden establecer incentivos, catalizar fondos, adaptar sus normativas, etc. Por ejemplo, el London Waste and Recycling Board (LWARB) de Londres (Reino Unido) propuso desarrollar un fondo de capital riesgo, buscando socios del sector privado para que se sumen; la ciudad de Ámsterdam (Países Bajos) creó un fondo rotatorio de sostenibilidad para que las empresas lo devuelvan en 15 años con un tipo de interés muy bajo.

Este marco analítico aplicado al caso de Valladolid, España, identificará las principales oportunidades y desafíos (Capítulo 2), así como recomendaciones de políticas a medida para promover, facilitar y habilitar la economía circular (Capítulo 3).

Personas y empresas: Una innovación circular que mejora la comunidad

En Valladolid existe una comunidad emergente de emprendedores circulares que podrían actuar como "embajadores" temáticos. Las subvenciones municipales para la economía circular de 2017 y 2018 han sido un importante motor para crear una comunidad de la economía circular en Valladolid. Según esta comunidad, formada por emprendedores, microempresas y pequeñas empresas y la sociedad civil, la subvención municipal sirvió para estimular la innovación, los prototipos y los proyectos, al tiempo que se compartían los riesgos relacionados con este tipo de actividades experimentales. Aunque el grupo es todavía relativamente pequeño en tamaño, puede actuar como catalizador del cambio para difundir el mensaje a sus conciudadanos y a otras empresas.

Los emprendedores circulares están desarrollando nuevos modelos de negocio y prácticas para estimular la transición hacia una economía circular (véase el Anexo A). Por ejemplo:

- Promover la reutilización y el reciclaje de bienes y productos. Algunos proyectos, por ejemplo, se centran en el reciclaje de las baterías de los ordenadores portátiles y los componentes de los extintores o en la reutilización del material electrónico. Aunque se reducen los residuos enviados a los vertederos, el principal problema es la falta de un mercado rentable para estos productos secundarios.
- Conectar a los actores de la oferta y la demanda de material secundario, a través de una plataforma online (una *app*) que pretende poner en contacto a los productores de residuos (lado de la oferta) y a las empresas que buscan residuos como recurso (lado de la demanda), para que se pongan en contacto y lleguen a un acuerdo, ya sea como cesión gratuita o fijando un precio.
- Desarrollar una certificación para los procesos industriales relacionados con la economía circular. Los representantes de las empresas locales consideran que un certificado que premie las actividades relacionadas con la economía circular podría estimular a las empresas, al tiempo que informaría a la administración durante el proceso de selección de un concurso público. Esta certificación podría ser completa o parcial, teniendo en cuenta las diferentes fases de la producción (por ejemplo, diseño ecológico, uso de material reciclado, etc.) El desarrollo de un protocolo sobre los requisitos para obtener la certificación circular está en curso.
- Estimular el ecodiseño. Varios proyectos se centran en el diseño ecológico: desde aparatos eléctricos hasta un diseño modular para que los componentes de los productos sean fácilmente reutilizables.

Las organizaciones de la sociedad civil y las asociaciones de consumidores también están fomentando la transición a la economía circular. Durante 2018 y 2019, la Federación de Asociaciones Vecinales de Valladolid creó un observatorio circular en línea para compartir información sobre la economía circular y supervisar el nivel de compromiso de los ciudadanos. La organización también desarrolló un "juego de monitorización" en línea para promover la reutilización, concienciar sobre la economía circular y señalar la localización de objetos de segunda mano (Federation of neighbourhood associations of Valladolid, 2019[27]).

Las universidades, los centros de investigación y los parques tecnológicos pueden aportar conocimientos técnicos y no técnicos sobre la economía circular. La Universidad de Valladolid (UVa) y el Instituto Tecnológico Agrario de Castilla y León (ITACYL) colaboran en proyectos de investigación sobre la bioeconomía, mientras que está en marcha también un proyecto sobre la economía circular. La UVa y la Universidad de Salamanca trabajan conjuntamente en soluciones para digitalizar la cadena de valor del sector agroalimentario. Un estudio de metabolismo de la Universidad de Valladolid apoyó la elaboración de la estrategia alimentaria de la ciudad (Lomas and Carpintero, 2017[28]). La Escuela Universitaria de Ingeniería Agrícola (INEA) creó una planta de compostaje para reutilizar los residuos agrícolas, un banco de semillas, un banco de aperos de labranza y un banco de alimentos para compartir entre productores y minimizar el desperdicio de alimentos. La escuela también contribuyó a crear una tienda situada en el centro de Valladolid para promover los alimentos locales de kilómetro cero. Varias fundaciones (por ejemplo, CARTIF, CIDAUT) promueven la investigación y los proyectos piloto sobre la biomasa, la biotecnología y la valorización de residuos para reutilizar materiales en los sectores de la construcción y la automoción. Todas estas actividades allanan el camino para un mayor compromiso con la economía circular, tanto en lo que respecta a la creación de conocimientos como a la estimulación de la colaboración con los sectores público y privado.

Las agrupaciones tecnológicas y el sector empresarial de Valladolid y de Castilla y León pueden contribuir a la transición hacia una economía circular. La Agrupación Empresarial Innovadora para la Construcción Eficiente (AEICE) reúne a más de 100 socios dentro de la cadena de valor de la construcción. La agrupación tiene como objetivo fomentar la innovación y encontrar soluciones colaborativas entre sus socios y otros actores privados y públicos, al tiempo que promueve la práctica de la economía circular entre sus miembros. En 2017, la AEICE se comprometió con la reutilización de los residuos de construcción y demolición. La Agencia de Innovación y Desarrollo Económico apoyó a la AEICE en la elaboración de la "Guía para el uso de áridos reciclados" (AEICE, 2018[29]) que ofrece recomendaciones al Ayuntamiento de Valladolid sobre cómo incluir los áridos reciclados en las licitaciones públicas (por ejemplo, introduciendo la condición de sustituir los áridos naturales por los artificiales). El proyecto de la agrupación "Bioeconomía: estrategia de bioeconomía para la industria alimentaria de Castilla y León" pretende ayudar a sus empresas asociadas a adoptar estrategias de economía circular. Está promovida por la Asociación de la Industria Alimentaria de Castilla y León (VITARTIS), que representa el 47% del sector regional agroalimentario y pretende aumentar la productividad del sector con un enfoque especial en la bioeconomía (VITARTIS, 2019[30]).

El sector artesanal puede desempeñar un papel importante en la transición de una economía lineal a una circular. El sector puede ser especialmente clave en las actividades de reutilización y reparación que requieren competencias específicas, por ejemplo, en el sector textil. Además, como sostiene el Centro Regional de Emprendedores, que agrupa a unas 1.000 pequeñas empresas (<10 empleados), las empresas utilizan cada vez más materiales reciclados en sus procesos de producción. Sin embargo, existen varios obstáculos relacionados con la normativa (por ejemplo, el largo proceso de obtención de permisos) y el precio de los productos y bienes que podrían no ser competitivos.

La Cámara de Comercio de Valladolid desarrolló programas de capacitación sobre la economía circular. En 2018, la Cámara de Comercio puso en marcha un curso máster sobre "Transformación digital y economía circular". El plan de estudios incluía el análisis del ciclo de vida de los productos, el ecodiseño, las cadenas de valor circulares y la minería de datos ((Valladolid Chamber of Commerce, 2019[31]). El objetivo del máster, más allá de crear habilidades específicas sobre la economía circular, era también aumentar la concienciación entre los profesionales. La Cámara de Comercio, junto con socios de investigación, está creando modelos de consultoría para las empresas que deseen adoptar procesos de economía circular.

Políticas: Identificación de sectores con potencial para la economía circular

Todos los sectores están implicados en una economía circular, pero algunos tienen un mayor potencial. A menudo, la economía circular en las ciudades y regiones se considera un sinónimo de reciclaje de residuos, pero es más que eso. Las ciudades y regiones, en sus estrategias de economía circular, han identificado los sectores clave que muestran el mayor potencial en términos de beneficios económicos, sociales y medioambientales. Estos sectores incluyen el entorno construido, la alimentación, el agua y el textil, entre otros. En función de las especificidades locales, las ciudades y regiones están poniendo en marcha iniciativas de economía circular para sectores menos tradicionales, como la moda y la cultura.

Hacer que un sector sea "circular" implica repensar las cadenas de valor y los procesos de producción y consumo. La "circularidad" implica que cualquier producto puede ser un insumo para otra cosa dentro y entre sectores. Su objetivo es: hacer que los productos y bienes duren más tiempo gracias a un mejor diseño; producir bienes utilizando materiales secundarios y reutilizables, y energía renovable, al tiempo que se reducen las emisiones atmosféricas; producir y distribuir productos localmente y consumirlos de forma consciente y sostenible; y transformar los residuos en un recurso (Figura 2.3).

Figura 2.3. Circularidad dentro y entre sectores

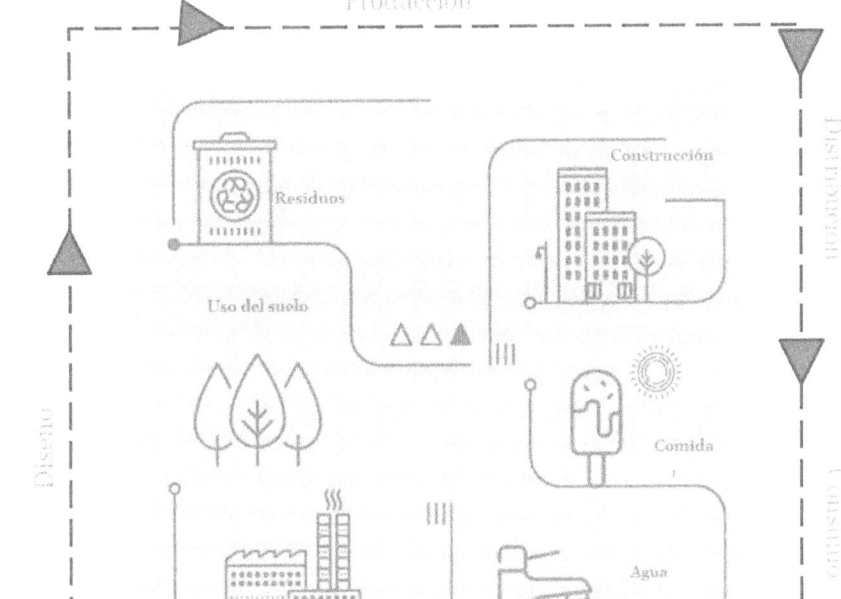

Fuente: OECD (forthcoming[8]), *The Circular Economy in Cities and Regions*, Synthesis Report, OECD Publishing, Paris.

Son varios los sectores que se pueden tener en cuenta a la hora de fomentar la transición de una economía lineal a una circular en Valladolid, España. Según los resultados de la encuesta de la OCDE sobre la economía circular en ciudades y regiones (2019[32]) la ciudad identificó los siguientes sectores como de interés para una estrategia de economía circular en Valladolid: uso del suelo y ordenación del territorio, industria manufacturera, residuos, textil, movilidad, agua, alimentos y bebidas, comercio minorista, saneamiento, y construcción y demolición (Figura 2.4). A continuación, se dedicará una atención específica a los sectores que más destacan en el debate con los distintos agentes de Valladolid. Esto es clave para establecer el papel de los "habilitadores" (por ejemplo, emprendedores, PYMES, empresas privadas, OSC, etc.) en la transición de una economía lineal a una circular y prever políticas coherentes para el futuro. En Tabla 2.5sc presenta información sobre los sectores incluidos en las iniciativas de economía circular de otras ciudades y regiones.

Figura 2.4. Sectores de interés para una estrategia de economía circular en Valladolid, España

[Diagrama circular con los siguientes sectores alrededor de "Sectores de relevancia para la economía circular en Valladolid": Uso del suelo y ordenación del territorio, Industria manufacturera, Residuos, Agricultura y biomasa, Movilidad, Agua, Alimentación y bebidas, Comercio minorista, Energía, Construcción y demolición]

Fuente: Elaboración propia a partir de las respuestas de la ciudad de Valladolid a la OCDE (2019[32]) OECD Survey on the Circular Economy in Cities and Regions.

La ciudad dio el primer paso para identificar los sectores económicos que tienen potencial para la economía circular. La ciudad financió un estudio denominado "Valladolid es Circular" (Enviroo, 2019[33]), con el fin de identificar el potencial de actividades económicas específicas, tales como: agricultura, administración pública, hostelería, educación, fabricación de otros minerales no metálicos, metalurgia, industria minorista, suministro de energía, actividades inmobiliarias, industrias alimentarias y fabricación de vehículos de motor, remolques y semirremolques. La evaluación tuvo en cuenta tres factores: el valor añadido, la creación de empleo y el impacto medioambiental (por ejemplo, el consumo de agua y energía, la producción de residuos, etc.) La agricultura se considera el sector con mayor potencial para la economía circular, impulsado principalmente por sus impactos ambientales. La administración pública ocupa el segundo lugar, principalmente por su importancia como principal empleador en la ciudad (21.370 empleados); seguida del sector de la hostelería por su contribución de valor añadido a la economía local (6,71% del total) (Enviroo, 2019[33]). El estudio concluye con algunas recomendaciones, como:

- Llevar a cabo un procedimiento innovador de contratación pública añadiendo cláusulas sociales y medioambientales en las licitaciones.
- Promover la implantación de sistemas de gestión medioambiental en las empresas mediante la información y la formación.
- Etiquetado de productos según los criterios de la economía circular.
- Favorecer la separación de residuos, explorar los vínculos entre sectores e identificar las barreras existentes para la reutilización y el reciclaje.
- Promover el análisis del ciclo de vida (ACV) de los productos y las estrategias de reducción de la huella de carbono.

- Sensibilizar a través de campañas ad hoc, por ejemplo, en los colegios de Valladolid.

Los 61 proyectos que se beneficiaron de las subvenciones municipales en 2017-18 se centran en los siguientes sectores: energía (kit solar portátil; uso de hidrógeno como combustible alternativo); residuos (mejora del sistema de recogida selectiva de residuos mediante datos en tiempo real; plataforma de intercambio de materiales secundarios; compost y biofertilizantes a partir de residuos agrícolas; micro reciclaje, reducción de residuos en la hostelería; prototipos de envases biodegradables); agua (reutilización de aguas pluviales en instituciones públicas; red de dispensadores de agua; juegos educativos), y; construcción (desarrollo de productos *cradle-to-cradle*) (Anexo A).

Tabla 2.5. Ejemplo de sectores incluidos en las iniciativas de economía circular a nivel subnacional

Ciudad/Región	Iniciativa	Residuos	Construcción y demolición	Utilización del suelo y ordenación del territorio	Alimentación y bebidas	Industria manufacturera	Textil	Agua y saneamiento	Energía	Biomasa	Agricultura	Movilidad	Sector de las TIC	Silvicultura	Cultura
Ámsterdam (Países Bajos)	Amsterdam Circular 2020-25	✓	✓	✓	✓	✓	✓	✓	✓	✓	✓	✓	✓		
Área Metropolitana de Barcelona (AMB) (España)	Circular Economy Promotion Programme AMB Circular (2019)		✓	✓	✓			✓	✓	✓	✓	✓			
Flandes (Bélgica)	Circular Flanders (2016)	✓	✓	✓	✓	✓		✓							
Área de Oporto (Portugal)	LIPOR's commitment to circular economy principles (2018)	✓	✓	✓	✓		✓	✓	✓	✓	✓	✓			
Nantes (Francia)	Circular Economy Roadmap	✓	✓	✓	✓				✓	✓	✓	✓			
Carelia del Norte (Finlandia)	CIRCWASTE – Towards Circular Economy in North Karelia	✓	✓	✓	✓	✓		✓	✓	✓	✓	✓		✓	
Paris (Francia)	Circular Economy Plan of Paris 2017-20	✓	✓	✓	✓	✓			✓	✓					✓
Rotterdam (Países Bajos)	Rotterdam Circularity Programme 2019-23	✓	✓	✓	✓	✓		✓		✓	✓				
Escocia (Reino Unido)	Circular Glasgow	✓	✓		✓	✓	✓		✓				✓		
Tilburg (Países Bajos)	Tilburg Circular Agenda 2019	✓	✓	✓	✓	✓	✓			✓				✓	
Valladolid (España)	Valladolid Circular Economy Roadmap (2017-18)		✓	✓	✓	✓	✓	✓		✓		✓			

Fuente: OECD (forthcoming[8]), *The Circular Economy in Cities and Regions*, Synthesis Report, OECD Publishing, Paris.

Residuos

La ciudad es responsable del sistema de gestión de residuos en Valladolid. Por ley[1], el gobierno local es responsable de prestar los servicios de recogida y tratamiento de residuos. El municipio ha implantado un sistema de recogida selectiva de residuos domésticos que recoge por separado los residuos orgánicos y los no orgánicos. En cuanto a los flujos de residuos no orgánicos, la recogida selectiva de papel, vidrio, pilas y aceite doméstico se realiza en contenedores individuales. Los envases de plástico y metálicos se separan en el Centro de Tratamiento de Residuos de Valladolid (CTR), donde se tratan todos los residuos recogidos. Diferentes empresas, inscritas en el Sistema Integrado de Gestión, proporcionan los contenedores de residuos y los vehículos de recogida de residuos. Es el caso de ECOVIDRIO para el vidrio y de Ecoembes para el papel, el cartón, el plástico y los envases metálicos (Recuadro 2.4). La ciudad también ha creado cinco "puntos limpios" donde los hogares pueden depositar los residuos tóxicos o voluminosos. Valladolid es uno de los tres municipios de España que financia el sistema de gestión de residuos a través del sistema general de impuestos (Fundació ENT Catalunya, 2018[34]). En 2015, el gobierno local suprimió la tasa de residuos[2] que había estado en vigor de 2013 a 2015. Este impuesto solía recaudar 10 millones de euros al año (Valladolid Municipality, 2015[35]).

La Confederación Vallisoletana de Empresarios (CVE) lleva a cabo un proyecto piloto para reducir los costes de gestión de residuos mediante el fomento de la recogida selectiva. La información relativa a la cantidad y la calidad de los residuos producidos por las empresas participantes en el proyecto se compartió con el departamento de residuos de la ciudad de Valladolid con el fin de reorganizar el sistema de recogida de residuos de una manera más eficiente mediante el uso de datos en tiempo real y poner en marcha un sistema de sanciones en caso de mal comportamiento. En el Anexo A se detallan otras iniciativas de la economía circular relacionadas con el sector de los residuos. Un ejemplo es la plataforma de intercambio de materiales secundarios desarrollada por la Asociación de Empresas y Profesionales de Valladolid, EDUCA.

Recuadro 2.4. Iniciativas de economía circular de Ecoembes

Ecoembes es una organización medioambiental sin ánimo de lucro encargada en toda España de promover y gestionar el sistema de reciclaje de residuos de envases domésticos. Ecoembes agrupa a más de 12.000 empresas que por ley (Ley 11/1997 de 24 de abril, de Envases y Residuos de Envases)[3] están obligadas a financiar un sistema de recogida selectiva y reciclaje de envases domésticos.

Ecoembes promueve la economía circular a través de varias iniciativas en España:

- **Circular Lab**: El laboratorio promueve la colaboración con empresas, administraciones públicas y ciudadanos de la Comunidad Autónoma de La Rioja (España) para desarrollar las mejores prácticas en todas las fases del ciclo de vida de los envases, desde el ecodiseño hasta su reintroducción en el ciclo de consumo a través de nuevos productos.

- **Barrio de La Victoria**: En 2018, el Ayuntamiento de Valladolid y Ecoembes pusieron en marcha un proyecto piloto de economía circular en el barrio de La Victoria. El objetivo del proyecto es lograr la recogida selectiva en un 60% para 2030, en línea con los objetivos europeos. La iniciativa comenzó en marzo de 2018 y concluyó en abril de 2019. El porcentaje de residuos destinados a la recogida selectiva pasó del 32,8% del total en marzo de 2018, cuando comenzó la campaña, al 51,3% en abril de 2019.

- **Proyecto de reciclaje 5.0**: Lanzado en 2019, el proyecto pretende fomentar el reciclaje a través de una aplicación que permite a los ciudadanos conectar sus teléfonos móviles a los contenedores. El usuario hará una foto del código de barras de cada botella depositada en el contenedor amarillo y vinculará la acción con el código QR presente en el contenedor. El sistema registra digitalmente todas las actividades y, en función de la cantidad de botellas recicladas, proporciona a los usuarios créditos para canjear por productos o servicios que contribuyan a alcanzar los objetivos de sostenibilidad. Cuatro municipios, dos universidades y un hospital de Cataluña están probando el proyecto.

- **Proyecto Sterling**: Consiste en la instalación de diez contenedores amarillos inteligentes para envases de plástico y latas en el Campus de Valladolid. Estos contenedores están equipados con sensores de llenado, temperatura y humedad. A través de una app, los contenedores son capaces de identificar automáticamente a los usuarios que los utilizan. Cada vez que se utilice el contenedor Sterling, el usuario recibirá un punto Sterling. Cada mes, los participantes que hayan acumulado diez o más puntos Sterling podrán ganar una de las tres tarjetas regalo (equivalentes a 20 euros) que ofrecen los organizadores del proyecto. El proyecto se benefició de las subvenciones municipales puestas en marcha en 2018.

Fuente: Ecoembes (2019[36]), *Homepage*, https://www.ecoembes.com/es (accessed on 7 June 2019); The Circular Lab (2019[37]), The Circular Lab (2019), *Homepage*, http://www.thecircularlab.com (accessed on 7 June 2019); European Circular Economy Stakeholder Platform (2018[38]), *Citizen Participation and Circular Economy: A Pilot Project in the City Hall of Valladolid*, https://circulareconomy.europa.eu/platform/en/good-practices/citizen-participation-and-circular-economy-pilot-project-city-hall-valladolid (accessed on 7 June 2019); Valladolid Municipality (2018[39]), "El Ayuntamiento y Ecoembes impulsan un proyecto piloto de economía circular para lograr el correcto depósito del 60% de los residuos en un año", http://www.valladolid.es/es/actualidad/noticias/ayuntamiento-ecoembes-impulsan-proyecto-piloto-economia-cir (accessed on 7 June 2019); University of Valladolid Website (2019[40]), *Homepage*, http://comunicacion.uva.es/export/sites/comunicacion/98240de9-350c-11e9-b081-d59857eb090a/ (accessed on 7 June 2019).

Valladolid ha sido pionera en la introducción de la separación de residuos orgánicos en el área metropolitana. La recogida de residuos orgánicos, de competencia municipal, se inició hace dos décadas en Valladolid y se ha proyectado una mejora de las instalaciones. Tras el proceso de recogida, los residuos orgánicos se tratan, produciendo compost y biorresiduos estabilizados. El compost producido se utiliza en las zonas rurales situadas en los alrededores de la planta de compostaje, principalmente para el cultivo de cereales. Este compost es de baja calidad y no puede ser certificado en términos ecológicos.[4] Por ello, puede ser recuperado gratuitamente por los productores locales. Se está preparando una licitación para construir una moderna planta de compostaje. La nueva planta aumentará la calidad del compost y lo hará rentable. Estará situada en las afueras de Valladolid y debería estar operativa en 2020. Hasta la fecha, no existe un plan de recursos de residuos que defina unos objetivos y una visión claros, aunque se ha elaborado un borrador de plan que pretende ascender en la jerarquía de residuos siguiendo el enfoque de la UE (Recuadro 2.5). Se espera que el borrador se apruebe en julio de 2020.

Recuadro 2.5. El enfoque de la UE en materia de gestión de residuos

En los últimos 30 años, la política de residuos de la Unión Europea (UE) ha tenido como objetivo reducir el impacto negativo sobre el medio ambiente y la salud mediante la creación de una economía eficiente en cuanto a energía y recursos, y limitar la cantidad de generación de residuos asociada al crecimiento económico.

La Directiva Marco de Residuos es la piedra angular de la política de residuos de la UE. La Directiva establece una jerarquía de residuos de cinco pasos. La prevención y reducción de los residuos es la máxima prioridad, seguida de la reutilización, el reciclado y otras formas de recuperación, y la eliminación (por ejemplo, el vertido) como último recurso. La legislación de la UE en materia de residuos pretende que la gestión de residuos ascienda en la jerarquía de residuos (Figura 2.5).

- **Prevención**: El éxito de la gestión de residuos consiste en evitar su generación en primer lugar. La prevención y la reducción de residuos son cada vez más importantes a medida que aumentan la población mundial y la demanda de recursos naturales finitos.
- **Reutilización**: Consiste en el uso repetido de productos o sus componentes para el mismo fin para el que fueron diseñados (por ejemplo, frigoríficos, cartuchos de tinta).
- **Reciclaje**: Reduce la cantidad de residuos que acaban en los vertederos, al tiempo que disminuye la cantidad de material que se necesita del entorno natural. En 2016, España solo recicló el 29,7% de sus residuos municipales y este nivel se mantuvo prácticamente igual desde 2010.
- **Recuperación de energía**: La recuperación de energía reduce las emisiones de carbono al reemplazar el uso de fuentes de energía basadas en combustibles fósiles y sustituir las emisiones de metano generadas en los vertederos. Suele aplicarse a diferentes métodos de conversión de residuos en energía (por ejemplo, electricidad, vapor y calefacción para edificios). Sin embargo, la recuperación de energía mediante la incineración no suele ser la forma más eficiente de gestionar los materiales usados. Se fomenta el análisis de ciclo de vida para identificar los beneficios y daños netos para el medio ambiente de la incineración de residuos. En España, un 13% de los residuos municipales se destina a la valorización energética.
- **Eliminación**: El vertido es la opción menos deseable debido a sus numerosos impactos ambientales negativos. El más grave es la producción y liberación de metano al aire (25 veces más potente que el dióxido de carbono). Si se convirtiera en energía, el metano producido por un vertedero municipal medio podría proporcionar electricidad a unos 20.000 hogares durante un año. En España, el 56,7% de los residuos municipales se enviaron al vertedero en 2016 (EAE, 2018[41]).

Figura 2.5. Jerarquía de residuos en la UE

Fuente: EC (2010[42]), *Being Wise with Waste: The EU's Approach to Waste Management*, https://ec.europa.eu/environment/waste/pdf/WASTE%20BROCHURE.pdf (accessed on 29 November 2019).

> En diciembre de 2015, la Comisión Europea (CE) adoptó un paquete para apoyar la transición de la UE hacia una economía circular. La iniciativa se diseñó para contribuir a "cerrar el círculo" de los ciclos de vida de los productos mediante un mayor reciclaje y reutilización y aportar beneficios tanto para el medio ambiente como para la economía. En 2018 y 2019 siguieron otras medidas y actualizaciones. El paquete incluía el Plan de Acción de la UE para la Economía Circular, en el que se esbozan 54 medidas que abordan diversos aspectos de la economía circular y se centran en 5 áreas prioritarias (plásticos, residuos de alimentos, materias primas críticas, construcción y demolición, y biomasa y productos de base biológica), así como 4 propuestas legislativas que modifican los siguientes actos jurídicos: Directiva marco sobre residuos; Directiva sobre vertidos; Directiva sobre residuos de envases; Directivas sobre vehículos al final de su vida útil, sobre pilas y acumuladores, y residuos de pilas y acumuladores, y sobre residuos de aparatos eléctricos y electrónicos.
>
> Fuente: EC (2010[42]), *Being Wise with Waste: The EU's Approach to Waste Management*, https://ec.europa.eu/environment/waste/pdf/WASTE%20BROCHURE.pdf (accessed on 29 November 2019); EC (2008[43]), *Directive 2008/98/EC on Waste (Waste Framework Directive) - Environment*, https://ec.europa.eu/environment/waste/framework/ (accessed on 3 December 2019); EC (2015[44]), *Closing the Loop - An EU Action Plan for the Circular Economy*, https://eur-lex.europa.eu/resource.html?uri=cellar:8a8ef5e8-99a0-11e5-b3b7-01aa75ed71a1.0012.02/DOC_1&format=PDF (accessed on 5 February 2020); EAE (2018[41]), *Gestión de residuos y Economía Circular*, http://marketing.eae.es/prensa/SRC_Residuos.pdf (accessed on 3 December 2019); OECD (forthcoming[8]), *The Circular Economy in Cities and Regions*, Synthesis Report, OECD Publishing, Paris.

Movilidad

La ciudad de Valladolid está promoviendo la movilidad sostenible. Como "ciudad faro",[5] el municipio forma parte del proyecto financiado con fondos europeos REMOURBAN que tiene como objetivo fomentar la sostenibilidad y mejorar la calidad de vida de los ciudadanos a través de la eficiencia energética, la movilidad eléctrica y la tecnología digital. Así, pretende aumentar las soluciones de movilidad con bajas emisiones de carbono en un 5% a corto plazo y en un 25% a medio plazo. Este cambio debería reducir las emisiones de CO_2 a la mitad. La ciudad se encamina hacia una flota de transporte público eléctrica, al tiempo que ofrece incentivos a las empresas para que utilicen vehículos eléctricos (por ejemplo, para realizar servicios de última milla, conformar sus flotas empresariales o prestar servicios de taxi). La economía circular puede estimular el debate sobre la movilidad sostenible (transporte público ecológico, coches eléctricos), la reutilización y el desmantelamiento de baterías y cargadores para la movilidad ecológica, y la interacción entre el uso del suelo y la movilidad para favorecer un uso más eficiente del espacio público (por ejemplo, el aparcamiento, las zonas verdes). Por ejemplo, la ciudad de París ha previsto desarrollar una planificación urbana local que pretende conservar las instalaciones logísticas existentes y crear 15 "*espacios logísticos urbanos*" (*Espaces Logistiques Urbains*, ELU) para mejorar la logística y fomentar los servicios de movilidad compartida (París Municipality, 2017[45]).

Sector de la construcción

Las normativas europeas y nacionales avanzan hacia un sector de la construcción más sostenible. La directiva actualizada de la UE sobre la eficiencia energética de los edificios (EPBD) (2018/844/EU), adoptada en julio de 2018, establece que para 2050 todo el parque nacional de edificios tiene que ser de energía cero. Esto significa que la cantidad total de energía utilizada por un edificio sobre una base anual es igual a la cantidad de energía renovable creada en el sitio (EC, 2018[46]). Los países tendrán que desarrollar un Plan Nacional Integrado de Energía y Clima (PNIEC) que defina las estrategias de renovación a largo plazo. Se han establecido hitos indicativos para 2030 y 2040 con el fin de evaluar y supervisar los avances. Al mismo tiempo, la directiva establece que a partir de 2021 todos los edificios nuevos de la UE deberán ser edificios de consumo energético casi cero (NZEB). En la actualidad, los países de la UE deben realizar renovaciones de eficiencia energética en al menos el 3% de la superficie total de los edificios de propiedad y uso de la administración central (EC, 2018[46]).

En Valladolid existen iniciativas para mejorar el rendimiento energético de los edificios y experimentar con nuevos esquemas de calefacción urbana. Siguiendo la Directiva de Eficiencia Energética de la UE (2012/27/UE), desde 2014 la ciudad se ha comprometido a realizar renovaciones de eficiencia energética en al menos el 3% de los edificios de propiedad municipal. El municipio se fijó como prioridad maximizar la eficiencia energética del parque de edificios públicos, minimizar los edificios públicos infrautilizados y generar información sobre el consumo de energía para optimizar el uso en cada edificio. Como parte del proyecto REMOURBAN de la UE, el municipio avanzó en la rehabilitación energética de las 398 viviendas, con 1.000 habitantes en un área de 24.000 m^2. La calefacción y el agua caliente del distrito se suministran mediante biomasa, mientras que la electricidad se obtiene mediante paneles fotovoltaicos instalados en las fachadas de los edificios (Valladolid Municipality, 2017[47]). En algunos edificios públicos, como la Diputación y el campus de la Universidad de Valladolid, se utiliza la biomasa para la calefacción y el agua caliente. Además, en 2019 se puso en marcha el Centro de Ecodiseño Circular como espacio de colaboración y cocreación de innovación en ecodiseño aplicado a la cadena de valor del hábitat y la construcción (AEICE, 2019[48]).[6] En el Anexo A se puede encontrar más información sobre las iniciativas de economía circular existentes en el sector de la construcción.

Agua

La promoción del agua potable, la reutilización del agua y la concienciación sobre el valor del agua pueden formar parte de un enfoque de economía circular. En Valladolid se llevan a cabo acciones para: promover una cultura del agua sin plástico, reutilizar el agua para el riego en las instituciones públicas y utilizar infraestructura verde. La reducción del plástico de un solo uso se promueve mediante la creación de una red de dispensadores de agua en Valladolid y un mapa en línea para compartir su ubicación. La reutilización del agua se fomenta mediante el desarrollo de un sistema de recogida de agua de lluvia en instituciones públicas como los colegios. El objetivo es doble: reducir el riesgo de inundaciones y reutilizar el agua de lluvia para el riego de colegios y jardines urbanos. Un tercer aspecto promovido en el sector es la sensibilización de los estudiantes (desde la escuela hasta la universidad) sobre la infraestructura verde y la importancia del ciclo del agua en Valladolid.

Sector de la hostelería

El sector de la hostelería muestra un alto potencial para aplicar el enfoque de la economía circular. El estudio "Valladolid Circular" (Enviroo, 2019[33]) identificó retos y oportunidades para el sector dentro de la economía circular. Uno de los más destacados es la producción de residuos, el sector es responsable del 70% de los residuos orgánicos o mixtos. Hay margen de mejora en cuanto a la recogida selectiva y la eficiencia energética. Por ello, ya se han puesto en marcha varias iniciativas en hoteles, restaurantes y bares, con el fin de: i) reducir el uso de plásticos individuales y el desperdicio de alimentos; ii) crear un nuevo modelo de negocio para recuperar y transformar los residuos orgánicos recogidos en bares y restaurantes de la ciudad mediante el tratamiento de residuos; y iii) aplicar el modelo de negocio de producto como servicio al sector ofreciendo el alquiler de equipos y maquinaria para el sector de la hostelería. El sector de la hostelería es susceptible de generar valor añadido y creación de empleo. En el Anexo A se enumeran los proyectos circulares específicos relacionados con el sector de la hostelería.

Lugares: Fomentar las sinergias urbano-rurales para la economía circular

La bioeconomía regional y las estrategias alimentarias municipales tienen potencial para fomentar las sinergias urbano-rurales. La Estrategia Alimentaria Municipal (Alimenta Valladolid, 2018[49]) pretende mejorar la coordinación entre las zonas urbanas y rurales y crear oportunidades de empleo en las que la ciudad pueda actuar como *agroincubadora* para el consumo responsable y la producción local. Prevé la creación de un "banco de tierras" que la ciudad podría alquilar a los productores locales a costes asequibles. Los eco-mercados situados en la ciudad y sus alrededores (por ejemplo, el mercado ecológico situado en el Centro de Recursos Ambientales, PRAE) son un primer paso para acercar la producción local a los clientes de la ciudad. Además, el municipio está planificando acciones para mejorar la medición, la comercialización y la calidad de los residuos orgánicos procedentes de zonas urbanas (por ejemplo, del sector de la hostelería) y rurales. El Programa de Bioeconomía Circular de Castilla y León (Government of Castile and León, 2019[50]) es la primera estrategia regional de bioeconomía en España. Uno de sus objetivos es promover la demanda y el desarrollo de mercados relacionados con la bioeconomía. Esto puede afectar a la ciudad de Valladolid. En Recuadro 2.6 ofrecen más detalles sobre el Programa de Bioeconomía Circular de Castilla y León y la Estrategia Alimentaria Municipal.

Recuadro 2.6. El Programa de Bioeconomía Circular de Castilla y León y la Estrategia Alimentaria Municipal

El Programa de Bioeconomía Circular de Castilla y León prevé cuatro grandes líneas de actuación:

1. Fomentar la investigación y el desarrollo tecnológico entre el sector público y el privado.
2. Concienciar sobre la bioeconomía.
3. Desarrollar una oferta regional de productos y servicios de bioeconomía.
4. Promover la demanda y el desarrollo de mercados relacionados con la bioeconomía.

La Estrategia Alimentaria de Valladolid define 6 áreas de actuación, abarcando 13 medidas y estableciendo un total de 66 acciones a ejecutar en el periodo 2019-23:

5. Protección y revitalización del potencial productivo del suelo agrícola de Valladolid.
6. Acceso a una alimentación sana, ecológica, diversa y de calidad.
7. Promoción de las redes de distribución local.
8. Cultura de la alimentación responsable.
9. Prevención del desperdicio de alimentos.
10. Buena gobernanza y coordinación inter e intra administrativa.

La estrategia pretende crear un consejo alimentario municipal formado por los actores sectoriales locales (organizaciones públicas, privadas y de la sociedad civil) que han contribuido a la estrategia desde 2017. El futuro consejo alimentario municipal se encargará de supervisar la aplicación de los objetivos de la estrategia. La estrategia trazará un mapa de los actores relevantes que participan en el sector agroalimentario local y de las redes económicas y sociales existentes entre ellos para fomentar posibles sinergias a lo largo de la cadena de valor del sector.

Fuente: Alimenta Valladolid (2018[49]), *Valladolid's Food Strategy*, http://www.alimentavalladolid.info/ (accessed on 11 June 2019); Government of Castile and León (2019[50]), *Castile and Leon's Bio-economy Strategy*, http://www.redei.es/images/2018/Estrategia_ICE_Bioeconom%C3%ADa.pdf (accessed on 11 June 2019); ITACYL (2019[51]), *Plan de Impulso a la Bioeconomía Agroalimentaria para un Entorno Rural Competitivo y Sostenible en Castilla y León*, http://www.itacyl.es/documents/20143/0/PlanImpulsoBioeconomiaAgroalimentaria_2019.pdf/34554980-e0c5-bcca-6420-b5c8ec857cd8 (accessed on 18 October 2019).

Existen varios ejemplos de actividades relacionadas con la circularidad en el sector agrícola de Valladolid y su entorno. Se han identificado algunas buenas prácticas de empresas ubicadas en el entorno de Valladolid en el sector agroalimentario y ganadero. Las prácticas consisten en: reducir el desperdicio de alimentos y el consumo de agua durante las fases de procesado y envasado, donar alimentos con defectos visuales a los bancos de alimentos y ponerlos a disposición de familias vulnerables, reutilizar los residuos orgánicos y reducir el uso de aditivos químicos (INEA, 2018[52]). Otras prácticas que pueden vincularse a un enfoque de economía circular están relacionadas con promover la agricultura urbana.

La cohesión metropolitana tiene el potencial de reforzar la prestación de servicios de forma sostenible y circular. La Mancomunidad de Interés General Urbana de Valladolid y Alfoz, antigua Comunidad Urbana de Valladolid (CUVA), tiene como objetivo prestar servicios de forma coordinada a los casi 410.000 habitantes que viven en el área metropolitana de Valladolid. Los 25 municipios miembros están trabajando juntos para conectarse mejor entre sí a través del transporte público, compartiendo instalaciones de tratamiento de aguas residuales y en la aplicación de la estrategia alimentaria. A nivel metropolitano, se puede fomentar la economía circular mediante la identificación de flujos de recursos en la zona, la creación de una comunidad de prácticas y el uso de la contratación pública para estimular los productos circulares, entre otros.

Desafíos de gobernanza para diseñar e implementar la transición circular

En su mayoría, los retos a los que se enfrentan las ciudades y regiones para construir economías circulares no son de carácter técnico, sino económico y de gobernanza. Las soluciones técnicas existen y son bien conocidas. Sin embargo, para ponerlas en práctica se necesita información y recursos financieros, así como un marco jurídico actualizado. A menudo, sigue faltando una visión holística debido a las políticas aisladas. Las barreras culturales siguen siendo un obstáculo muy importante (OECD, forthcoming[8]). A continuación, se presentan los principales retos de gobernanza para diseñar e implementar la transición circular en Valladolid, España.

El desarrollo y la aplicación de la estrategia de economía circular exigirá una coordinación más eficaz entre los departamentos municipales y una definición más clara de la asignación de funciones y responsabilidades. No existen incentivos institucionales para la coordinación horizontal a nivel técnico, ni mecanismos específicos de coordinación o programas conjuntos entre los departamentos municipales. Esto puede generar duplicidades e ineficiencias en los costes. Por ejemplo, los departamentos municipales coinciden en que el diseño de los carriles bici fue una oportunidad perdida de colaboración entre los departamentos de urbanismo, infraestructuras y vivienda; participación ciudadana, juventud y deportes; y medio ambiente y sostenibilidad. Será necesaria una mayor coordinación entre los departamentos municipales encargados del medio ambiente, la movilidad y las actividades sociales y económicas, con el fin de maximizar las sinergias y las inversiones para la economía circular.

La coordinación entre niveles de gobierno es necesaria para alinear los objetivos de las estrategias de economía circular nacionales, regionales y locales, así como para adaptar el sistema normativo (por ejemplo, la normativa verde) y fiscal (por ejemplo, evitar la doble imposición del IVA para el material secundario) a la transición hacia una economía circular. Algunos ejemplos de coordinación son los siguientes: la Comisión Nacional de Coordinación de Residuos involucra a las autoridades nacionales, regionales y locales, representadas por la FEMP. Esta comisión integra 12 grupos de trabajo técnicos (uno por flujo de residuos), incluido uno específico sobre la economía circular. También existe una Comisión Interministerial para la Economía Circular.

La cuestión de la escala es clave para que la economía circular se desarrolle y pase de la experimentación a la actividad habitual. En el caso de Valladolid, un total de 61 proyectos se beneficiaron de subvenciones municipales para la economía circular en 2017-18. Los proyectos están relacionados con diferentes sectores y tipo de actividades: desde la sensibilización hasta la creación de conocimiento o el desarrollo tecnológico. No obstante, en su mayoría se llevan a cabo a escala de barrio o individual. Para lograr los impactos sociales, económicos y medioambientales esperados de la economía circular, estos proyectos deben ampliarse tras la fase de experimentación.

Debe fomentarse la coherencia política y las iniciativas existentes relacionadas con la economía circular podrían beneficiarse de una mayor coherencia y de una visión a largo plazo. La coherencia política está vinculada a la visión a largo plazo de la ciudad. Se pueden identificar tres retos principales:

- *Coherencia entre las políticas y planes existentes*: Valladolid está aplicando diferentes políticas y programas (por ejemplo, el programa Smart City, la movilidad urbana sostenible, la infraestructura verde, la calefacción urbana y la economía circular) que se beneficiarían de un enfoque más holístico y de una mayor coordinación para cerrar los círculos. En la actualidad, no está claro cómo las políticas mencionadas se conectan entre sí de manera coherente. Por ejemplo, el nuevo Plan General de Ordenación Urbana (2019), que promueve un modelo de ciudad compacta, podría vincularse a diversas actuaciones en sectores complementarios que fomenten la circularidad en la ciudad, desde la movilidad hasta las infraestructuras.

- *Coherencia entre los proyectos circulares actuales y futuros*: Por el momento, existe el riesgo de llevar a cabo acciones aisladas de economía circular sin tener en cuenta la visión a largo plazo. No está claro cómo los proyectos seleccionados contribuirán a la visión global de la ciudad de Valladolid.

- *Coherencia entre los proyectos financiados por la UE y las iniciativas planificadas de economía circular*: La ciudad depende en gran medida de los fondos europeos para la innovación política. Sin embargo, las iniciativas pueden dar lugar a acciones fragmentadas, que podrían orientarse a corto y medio plazo. El municipio concibe los proyectos europeos como una forma de experimentar con nuevas políticas sin utilizar el dinero de los contribuyentes locales y como una oportunidad para fomentar las asociaciones público-privadas bajo el modelo de "acuerdo de consorcio". Por ejemplo, el mencionado proyecto REMOURBAN, centrado en la mejora de la eficiencia energética de los edificios, se aplicó al distrito residencial FASA, un barrio situado en el sureste de la ciudad, pero no se integró en una estrategia a nivel de ciudad. Lo mismo ocurrió con el sistema de calefacción urbana por biomasa instalado por el municipio en el barrio de FASA, que no formaba parte de un plan más amplio. La ciudad tendría que aclarar cómo maximizar las sinergias entre estas iniciativas y las previstas dentro del enfoque de la economía circular.

Las capacidades en el municipio deben crearse para adaptarse a las necesidades de la transición hacia la economía circular, en términos de habilidades y recursos humanos. Es fundamental adaptar el nivel de capacidad de las autoridades responsables a la complejidad de los retos de la economía circular. La Agencia de Innovación y Desarrollo Económico encargada del desarrollo de la Estrategia de Economía Circular, así como de la ejecución de varios proyectos financiados por la UE sobre sostenibilidad, movilidad y eficiencia energética, está compuesta por un grupo de 17 personas motivadas y competentes. Se prevé que se necesitará más personal para hacer frente a la carga de trabajo sobre la economía circular (por ejemplo, para apoyar a las empresas, organizar eventos, etc.). Asimismo, dado el carácter multidisciplinar de la economía circular, la ciudad debería evaluar si las necesidades de la transición a la economía circular se corresponden con las competencias y los recursos humanos disponibles en los departamentos del municipio.

Los esfuerzos por mejorar la base de datos medioambientales, sociales y económicos están en marcha, pero hay margen de mejora en cuanto a la disponibilidad y frecuencia de los datos. Las fuentes de datos están fragmentadas en diferentes organismos, por ejemplo, el Observatorio Urbano (*Valladolid en cifras*), la Red de Control de Contaminación Atmosférica del Ayuntamiento de Valladolid (RCCAVA), el Centro de Tratamiento de Residuos de Valladolid (CTR Valladolid), la Sociedad Municipal de Suelo y Vivienda (VIVA), la Sección de Control Ambiental, la empresa pública de autobuses (AUVASA), y la empresa de gestión del agua (Aquavall). Los datos referentes a los sectores de los residuos y la energía, que son clave para la economía circular, no están disponibles públicamente ni se presentan de forma sistemática. El sistema de información municipal (por ejemplo, *Valladolid en Cifras*) no proporciona datos públicos actualizados sobre la contaminación atmosférica, la producción y el reciclaje de residuos, el consumo y la reutilización del agua; o los riesgos de inundación.

Debe mejorarse la información sobre la economía circular. Existe un desconocimiento de los beneficios potenciales de la economía circular y un escaso interés por parte de las empresas y los ciudadanos. Más del 70% de las empresas de Valladolid de un total de 70 empresas encuestadas en 2018 declaran no conocer el significado de la economía circular. Asocian el término a la minimización de la producción de residuos, el reciclaje y la reutilización y afirman que ya están implementando estos procesos de forma habitual (EDUCA, 2018[53]). Por otro lado, el 85% de los consumidores vallisoletanos desconoce el significado de la economía circular y sólo el 52% de los consumidores expresó que "siempre" o "regularmente" separa los residuos (EDUCA, 2018[53]). Los ciudadanos no suelen sentirse obligados a separar los residuos porque ya pagan impuestos por ello (no vinculados a su generación de residuos). Aunque la recogida separada es obligatoria, no se aplica la normativa sobre la recogida de residuos. La falta de separación de residuos genera costes adicionales para el municipio en las fases de recogida y tratamiento.

Los fondos públicos para iniciar y ampliar proyectos relacionados con la economía circular son limitados y el acceso a otras fuentes no es fácil. El ayuntamiento subvencionó 61 proyectos en 2017-18. La mayoría de los proyectos relacionados con la economía circular (ya sea en relación con un nuevo diseño de productos más duraderos, el uso de material secundario en los procesos de producción o la transformación de los residuos en recursos) tienen todavía un carácter experimental. Su rentabilidad es incierta. Los emprendedores se enfrentan a un alto riesgo de inversión y a costes de mantenimiento (por ejemplo, los costes de los materiales secundarios en comparación con los vírgenes). Esta situación se suma al hecho de que el acceso a los préstamos no siempre está garantizado. Por ello, los innovadores recurren a *business angels* dispuestos a promover y financiar proyectos de economía circular, a la banca ética (Fiare,[7] Triodos),[8] a agencias financieras (Finnova)[9] o a empresas de capital riesgo. Tras esta fase inicial, el reto para los innovadores es cómo hacer que sus proyectos sean económicamente sostenibles a medio y largo plazo.

Valladolid, al igual que otros municipios, necesita considerar cómo las herramientas fiscales y económicas podrían incentivar la transición hacia una economía circular. Se puede utilizar una serie de instrumentos económicos y fiscales para cambiar el comportamiento hacia una mayor responsabilidad medioambiental de los ciudadanos y las empresas (Recuadro 2.7). Los impuestos locales (por ejemplo, el impuesto sobre los residuos) o los incentivos específicos (por ejemplo, los descuentos) pueden incentivar el comportamiento en relación con el aumento de la recogida selectiva. Sin embargo, los criterios para definir el nivel de imposición deben ser claros, así como el incentivo para los ciudadanos. Esto requiere también medidas de aplicación. En Valladolid, se introdujo un impuesto sobre los residuos entre 2012 y 2015 y luego se retiró por razones políticas.

Recuadro 2.7. Ejemplos de instrumentos económicos para la economía circular

Los instrumentos económicos son herramientas para incentivar o desincentivar comportamientos específicos. Por ejemplo, podrían inducir, mediante precios más altos/bajos, un consumo más sostenible; las exenciones del impuesto sobre el valor añadido (IVA) pueden ayudar a las empresas a utilizar tecnologías verdes; los incentivos sobre las energías renovables pueden apoyar su uso más amplio. Según la Agencia Europea de la Energía (2016), hasta la fecha, los esfuerzos se han centrado fundamentalmente en el ámbito de la energía, el transporte y el clima, con una acción limitada en relación con las cuestiones de la contaminación y el uso de los recursos. Sin embargo, hay varios ejemplos de ello:

- **Descuentos en los impuestos**: En 2018, la ciudad de Milán (Italia) desarrolló acciones para hacer frente al despilfarro de alimentos, incluyendo un descuento del 20% en el impuesto sobre residuos para las empresas (supermercados, restaurantes, comedores, productores, etc.) que donaran sus residuos de alimentos a organizaciones benéficas. La acción está coordinada por diferentes departamentos municipales (fiscal, medioambiental, política alimentaria). Alrededor de 10.000 empresas se han beneficiado de esta reducción de impuestos, con un impacto de 1,8 millones de euros. La ciudad de Shanghai (China) ha ofrecido reducciones del IVA a una empresa de reciclaje que trabaja en el proyecto de economía circular de la ciudad. La ciudad de San Francisco concedió descuentos en sus tasas de residuos a las empresas que utilizan contenedores de recogida selectiva, lo que permitió a San Francisco convertirse en la ciudad de Estados Unidos con menos residuos que van a parar a los vertederos. Con el fin de estimular la eliminación separada de los residuos alimentarios, la ciudad de San Sebastián (España) puso a disposición de los hogares un colector específico de residuos orgánicos situado en la calle y desbloqueable mediante una tarjeta magnética personal. El uso de este contenedor especial está asociado a una reducción del 15% en la tarifa del servicio de recogida de residuos. Para obtener el descuento, los usuarios deben utilizar este contenedor al menos 4 veces al mes durante 10 de los 12 meses del año.

- **Tarifas diferenciadas**: El Gobierno neerlandés implantó el sistema DIFTAR, un sistema de recogida basado en tarifas diferenciadas para incentivar la mejora de la separación de residuos en origen. Este sistema permite a las autoridades cobrar por la cantidad de residuos generada, al tiempo que premia el esfuerzo de las personas que minimizan los residuos y maximizan la recogida selectiva. El sistema se ha implantado en varias ciudades pequeñas de los Países Bajos, así como en algunos municipios urbanos de más de 100.000 habitantes, como Apeldoorn, Nimega y Maastricht.

Fuente: Food and Agriculture Organization of the United Nations (2018[54]), *Milan: A Comprehensive Food Policy to Tackle Food Waste*, http://www.fao.org/3/ca0901en/CA0901EN.pdf (accessed on 7 June 2019); OECD (2013[55]), *Scaling-up Finance Mechanisms for Biodiversity*, https://dx.doi.org/10.1787/9789264193833-en; European Parliamentary Research Service (2017[56]), *Towards a Circular Economy – Waste Management in the EU STUDY Science and Technology Options Assessment*, http://www.europarl.europa.eu/RegData/etudes/STUD/2017/581913/EPRS_STU%282017%29581913_EN.pdf (accessed on 5 June 2019); San Sebastian City Council (2016[57]), San Sebastian City Council (2016), "Aprobada la bonificación del 15% en la tasa de basura por utilizar el quinto contenedor", http://www.donostia.eus/home.nsf/0/DD2431ECEA04493EC1257F4D004D1232 (accessed on 5 June 2019); CNBC (2018[58]), "San Francisco leads the world when it comes to waste management", http://www.cnbc.com/2018/07/13/how-san-francisco-became-a-global-leader-in-waste-management.html (accessed on 7 June 2019); OECD (forthcoming[8]), *The Circular Economy in Cities and Regions*, Synthesis Report, OECD Publishing, Paris.

El marco normativo puede mejorarse para permitir la circularidad. La regulación para prevenir el desperdicio de alimentos o hacia criterios más claros para utilizar los residuos como recurso tiene una connotación supranacional o nacional. En España, existe una Estrategia Contra el Desperdicio de Alimentos y un Panel de Cuantificación del Desperdicio Alimentario para una evaluación temprana del desperdicio de alimentos. No obstante, se está debatiendo una metodología de desperdicio de alimentos a nivel de la UE que se incorporará a la estrategia nacional. Al mismo tiempo, según la normativa sobre residuos, las autoridades españolas están avanzando en la evaluación de los subproductos orgánicos para reducir el desperdicio alimentario y mejorar la circularidad.

Aunque se han añadido criterios medioambientales en la licitación pública, en la práctica, el precio sigue siendo el criterio de adjudicación predominante. La ciudad ha aprobado la Instrucción Municipal 1/2018 para impulsar la contratación socialmente eficiente: estratégica, íntegra y sostenible. La ordenanza incluye la dimensión medioambiental, lo que implica que el objeto y el precio de los contratos municipales deben considerar criterios de ciclo de vida o las soluciones más innovadoras, eficientes y sostenibles. Los impactos previstos están relacionados con la reducción de la contaminación atmosférica, el uso de material reciclado y el fomento del reciclaje. El municipio ha incorporado normas medioambientales en las licitaciones a la hora de ofrecer terrenos públicos o edificios antiguos para la inversión privada. En la evaluación de los contratos, los criterios de adjudicación hacen referencias explícitas a la economía circular, en términos de uso de materias primas, productos sostenibles, análisis del ciclo de vida, vida útil, eficiencia energética, menor mantenimiento y embalaje más sostenible. No obstante, la decisión final se rige en un 60% por el precio y en un 40% por un "criterio de mejora" (del que un 20% está relacionado con aspectos sociales). Además, cuando se introducen criterios medioambientales, se corre el riesgo de que las licitaciones queden vacías o de que las empresas se quejen de la posible amenaza de cláusulas anti-rivalidades, alegando que sólo las grandes empresas pueden cumplir algunos requisitos específicos. Por último, también existen dificultades para verificar la información proporcionada por los participantes en las licitaciones, cuando se trata de dimensiones medioambientales.

La innovación en el sector empresarial es clave en la economía circular. Sin embargo, en Valladolid faltan empresas de nueva creación que puedan contribuir a esta innovación. La economía de Valladolid se caracteriza principalmente por el sector terciario con poca capacidad de innovación; las agroempresas están ubicadas en otros lugares de la región, mientras que las grandes empresas de automoción ubicadas en Valladolid tienen su sede en el extranjero. Por ello, estas últimas no lideran la implementación de cambios circulares en los modelos de negocio. La débil vinculación con las universidades y centros de investigación y la falta de incubadoras, junto con las características sociales endógenas (por ejemplo, el envejecimiento de la población), no crean un entorno fértil para la innovación.

El compromiso de las partes interesadas todavía no se aprovecha del todo. A través de los proyectos financiados por la UE y del *Circular Weekend* mencionado anteriormente, la ciudad de Valladolid ha trabajado para conseguir una mayor implicación de las partes interesadas, especialmente en términos de fomento de la información y la participación. Sin embargo, todavía hay margen para mejorar los niveles de compromiso y colaboración de las partes interesadas. Por ejemplo, no existe una verdadera colaboración entre los actores públicos, privados y académicos. El gobierno local podría mejorar la colaboración con las universidades y las empresas de la zona, y hacer que la ciudad esté disponible como banco de pruebas para la innovación técnica y no técnica.

Referencias

AEICE (2019), *Visión de AEICE sobre el papel del sector del hábitat en la transformación hacia la economía circular.* [48]

AEICE (2018), *Guía para la utilización de árido reciclado y recomendaciones para su compra*, https://www.aeice.org/wp-content/uploads/2018/11/Guia_ECOCIVIL.pdf (accessed on 25 October 2019). [29]

Agency of Innovation and Economic Development (2019), *Objetivos programáticos y líneas básicas de la acción de gobierno 2019-2023*, Valladolid City Council, Valladolid, http://www.valladolidadelante.es (accessed on 6 June 2019). [14]

Alimenta Valladolid (2018), *Valladolid's Food Strategy*, http://www.alimentavalladolid.info/ (accessed on 11 June 2019). [49]

C40 Cities (2016), *C40 Good Practice Guides: Amsterdam - Sustainability Fund and Amsterdam Climate and Energy Fund*, http://www.c40.org/case_studies/c40-good-practice-guides-amsterdam-sustainability-fund-and-amsterdam-climate-energy-fund (accessed on 6 June 2019). [15]

Castile and León Environment Department (2018), *Jornadas Economía Circular 2017-2018*, https://medioambiente.jcyl.es/web/jcyl/MedioAmbiente/es/Plantilla100Detalle/1246988359553/_/1284752296638/Comunicacion?plantillaObligatoria=PlantillaContenidoNoticiaHome (accessed on 31 May 2019). [12]

CNBC (2018), "San Francisco leads the world when it comes to waste management", http://www.cnbc.com/2018/07/13/how-san-francisco-became-a-global-leader-in-waste-management.html (accessed on 7 June 2019). [58]

EAE (2018), *Gestión de residuos y Economía Circular*, http://marketing.eae.es/prensa/SRC_Residuos.pdf (accessed on 3 December 2019). [41]

EC (2019), *Improving Access to Finance for Circular Economy Projects*, European Commission, http://dx.doi.org/10.2777/983129. [17]

EC (2018), *Energy Performance of Buildings Directive*, European Commission, https://ec.europa.eu/energy/en/topics/energy-efficiency/energy-performance-of-buildings/energy-performance-buildings-directive (accessed on 2 December 2019). [46]

EC (2015), *Closing the Loop - An EU Action Plan for the Circular Economy*, COM/2015/0614, European Commission, https://eur-lex.europa.eu/resource.html?uri=cellar:8a8ef5e8-99a0-11e5-b3b7-01aa75ed71a1.0012.02/DOC_1&format=PDF (accessed on 5 February 2020). [44]

EC (2010), *Being Wise with Waste: The EU's Approach to Waste Management*, European Commission, https://ec.europa.eu/environment/waste/pdf/WASTE%20BROCHURE.pdf (accessed on 29 November 2019). [42]

EC (2008), *Directive 2008/98/EC on Waste (Waste Framework Directive) - Environment*, European Commission, https://ec.europa.eu/environment/waste/framework/ (accessed on 3 December 2019). [43]

Ecoembes (2019), *Homepage*, https://www.ecoembes.com/es (accessed on 7 June 2019). [36]

EDUCA (2018), *Asociación de Empresas y Profesionales EDUCA*, https://www.educavalladolid.es/ (accessed on 2 February 2020). [53]

EIB (2019), *The EIB Circular Economy Guide: Supporting the Circular Transition*, European Investment Bank, http://www.eib.org/attachments/thematic/circular_economy_guide_en.pdf (accessed on 2 August 2019). [18]

Enviroo (2019), *Valladolid EScircular*, http://www.escircular.com (accessed on 11 June 2019). [33]

European Circular Economy Stakeholder Platform (2018), *Citizen Participation and Circular Economy: A Pilot Project in the City Hall of Valladolid*, https://circulareconomy.europa.eu/platform/en/good-practices/citizen-participation-and-circular-economy-pilot-project-city-hall-valladolid (accessed on 7 June 2019). [38]

European Parliamentary Research Service (2017), *Towards a Circular Economy - Waste Management in the EU STUDY Science and Technology Options Assessment*, http://www.europarl.europa.eu/RegData/etudes/STUD/2017/581913/EPRS_STU%282017%29581913_EN.pdf (accessed on 5 June 2019). [56]

Federation of neighbourhood associations of Valladolid (2019), *Actividades de economía circular de la federación*. [27]

FEMP (2019), *La Estrategia Local de economía circular*, Federación Española de Municipios y Provincias, http://www.femp.es/comunicacion/noticias/la-estrategia-local-de-economia-circular (accessed on 21 October 2019). [6]

Food and Agriculture Organization of the United Nations (2018), *Milan: A Comprehensive Food Policy to Tackle Food Waste*, Food and Agriculture Organization of the United Nations, http://www.fao.org/3/ca0901en/CA0901EN.pdf (accessed on 7 June 2019). [54]

Fundació ENT Catalunya (2018), *Las tasas de residuos en España 2018*, https://www.fiscalitatresidus.org/wp-content/uploads/2019/01/Estudio-tasas_2018.pdf (accessed on 29 November 2019). [34]

Government of Castile and León (2019), *Castile and Leon's Bio-economy Strategy*, http://www.redei.es/images/2018/Estrategia_ICE_Bioeconom%C3%ADa.pdf (accessed on 11 June 2019). [50]

Government of Spain (2020), *ACUERDO DE CONSEJO DE MINISTROS POR EL QUE SE APRUEBA LA DECLARACIÓN DEL GOBIERNO ANTE LA EMERGENCIA CLIMÁTICA Y AMBIENTAL*, https://www.miteco.gob.es/es/prensa/declaracionemergenciaclimatica_tcm30-506551.pdf (accessed on 26 February 2020). [3]

Government of Spain (2018), *España Circular 2030, Estrategia Española de Economía Circular*, Gobierno de España, http://www.miteco.gob.es/images/es/180206economiacircular_tcm30-440922.pdf (accessed on 31 May 2019). [1]

INE (2020), *Número de municipios por provincias, comunidades autónomas e islas*. [7]

INEA (2018), *Buenas Prácticas en Empresas Agroalimentarias*, http://www.inea.org (accessed on 11 June 2019). [52]

ITACYL (2019), *Plan de Impulso a la Bioeonomía Agroalimentaria para un Entorno Rural Competitivo y Sostenible en Castilla y León*, http://www.itacyl.es/documents/20143/0/PlanImpulsoBioeconomiaAgroalimentaria_2019.pdf/34554980-e0c5-bcca-6420-b5c8ec857cd8 (accessed on 18 October 2019). [51]

Lomas, P. and O. Carpintero (2017), *Metabolismo y Huella ecológicade la alimentación: El caso de Valladolid (Diagnóstico para la Estrategia Alimentaria Local)*, http://www.alimentavalladolid.info/wp-content/uploads/2017/11/Metabolismo-Alimentario-Valladolid_definitivo.pdf (accessed on 21 October 2019). [28]

London Waste and Recycling Board (2019), *Circular Economy Investment for Businesses in London*, http://www.lwarb.gov.uk/what-we-do/circular-london/circular-economy-investment-for-businesses/ (accessed on 5 August 2019). [19]

London Waste and Recycling Board (2019), *London Waste and Recycling Board Website*, http://www.lwarb.gov.uk/ (accessed on 6 June 2019). [16]

Ministry for Ecological Transition and the Demographic Challenge (2020), *El Gobierno declara la emergencia climática*, https://www.miteco.gob.es/es/prensa/200121cmindeclaracionemergencia_tcm30-506549.pdf (accessed on 26 February 2020). [4]

Ministry for Ecological Transition and the Demographic Challenge (2018), *Información pública de la estrategia Española de Economía Circular 12/02/18*, https://www.miteco.gob.es/es/calidad-y-evaluacion-ambiental/participacion-publica/Residuos-2018-Nota-sobre-proceso-informacion-publica-estrategia-espanola-economia-circular.aspx (accessed on 26 February 2020). [2]

Ministry of Development (2019), "Agenda Urbana Española", http://www.aue.gob.es/sites/aue/files/aue_doc_completo_21_02_2019_0.pdf (accessed on 29 November 2019). [5]

Ministry of Presidency, R. (2020), *Boletin Oficial del Estado - Real Decreto 2/2020, de 12 de enero, por el que se reestructuran los departamentos ministeriales*, https://www.boe.es/eli/es/rd/2020/01/12/2/con (accessed on 26 February 2020). [60]

Natural Heritage of Castile and León (2018), "La Fundación, como integrante de la red europea GPP NGO European Network organizó un curso sobre contratación pública verde y circular", https://patrimonionatural.org/noticias/general/2018/12/20/la-fundacion-como-integrante-de-la-red-europea-gpp-ngo-european-network-organizo-un-curso-sobre-contratacion-publica-verde-y-circular (accessed on 21 January 2020). [13]

OECD (2020), *A Territorial Approach to the Sustainable Development Goals: Synthesis Report*, OECD Urban Policy Reviews, OECD Publishing, Paris, https://dx.doi.org/10.1787/e86fa715-en. [10]

OECD (2019), *OECD Highlights of the 1st OECD Roundtable on the Circular Economy in Cities and Regions*, OECD, Paris. [20]

OECD (2019), *OECD Survey on the Circular Economy in Cities and Regions*, OECD, Paris. [32]

OECD (2016), *Water Governance in Cities*, https://www.oecd-ilibrary.org/governance/water-governance-in-cities_9789264251090-en (accessed on 6 February 2020). [26]

OECD (2013), *Scaling-up Finance Mechanisms for Biodiversity*, OECD Publishing, Paris, https://dx.doi.org/10.1787/9789264193833-en. [55]

OECD (2012), *Functional Urban Areas by Country*, OECD, Paris, https://www.oecd.org/cfe/regional-policy/functionalurbanareasbycountry.htm (accessed on 24 February 2020). [11]

OECD (forthcoming), *The Circular Economy in Cities and Regions*, Synthesis Report, OECD Publishing, Paris. [8]

Paris Municipality (2017), *Paris Circular Economy Plan 2017-2020*, https://api-site-cdn.paris.fr/images/97397 (accessed on 11 June 2019). [45]

San Sebastian City Council (2016), "Aprobada la bonificación del 15% en la tasa de basura por utilizar el quinto contenedor", http://www.donostia.eus/home.nsf/0/DD2431ECEA04493EC1257F4D004D1232?OpenDocument&idioma=cas (accessed on 5 June 2019). [57]

SmartEnCity (2019), *SmartEnCity.eu*, https://smartencity.eu/about/ (accessed on 30 April 2019). [59]

The Circular Lab (2019), *Homepage*, http://www.thecircularlab.com (accessed on 7 June 2019). [37]

UN (2019), *Goal 12: Sustainable Development Knowledge Platform*, United Nations, https://sustainabledevelopment.un.org/sdg12 (accessed on 7 February 2020). [9]

University of Valladolid (2019), *Homepage*, http://comunicacion.uva.es/export/sites/comunicacion/98240de9-350c-11e9-b081-d59857eb090a/ (accessed on 7 June 2019). [40]

Urban Agenda Partnership for Circular Economy (2020), *The Circular City Funding Guide*, European Investment Bank, https://www.circularcityfundingguide.eu/ (accessed on 6 February 2020). [21]

Valladolid Chamber of Commerce (2019), *Masters and Postgraduate Courses 2018-2019*, http://www.escueladenegocio.com/eden/wp-content/uploads/2018/08/Cat%C3%A1logo-Masters-y-Cursos-de-Postgrado-2018-2019.pdf (accessed on 11 June 2019). [31]

Valladolid City Council (2018), *Subvenciones para Economía Circular y Ecoinnovación*, http://www.valladolidadelante.es/node/12578 (accessed on 6 June 2019). [22]

Valladolid Municipality (2019), "39 proyectos de economía circular se ponen en marcha en Valladolid con el apoyo del Ayuntamiento", http://www.valladolidadelante.es/node/13384 (accessed on 6 June 2019). [23]

Valladolid Municipality (2019), "El Ayuntamiento de Valladolid consigue tres nuevos proyectos con financiación europea", http://www.valladolidadelante.es/node/13414 (accessed on 11 June 2019). [25]

Valladolid Municipality (2018), "El Ayuntamiento y Ecoembes impulsan un proyecto piloto de economía circular para lograr el correcto depósito del 60% de los residuos en un año", http://www.valladolid.es/es/actualidad/noticias/ayuntamiento-ecoembes-impulsan-proyecto-piloto-economia-cir (accessed on 7 June 2019). [39]

Valladolid Municipality (2018), *Valladolid Roadmap towards a Circular Economy*. [24]

Valladolid Municipality (2017), *Plan municipal de vivienda de Valladolid*, [47]
http://www.smviva.com/anexos/430/1496745970.pdf (accessed on 11 June 2019).

Valladolid Municipality (2015), *Ayuntamiento de Valladolid suprime la tasa de basuras y congela* [35]
el resto de tributos para 2016, https://www.valladolid.es/es/actualidad/noticias/ayuntamiento-
valladolid-suprime-tasa-basuras-congela-resto- (accessed on 29 November 2019).

VITARTIS (2019), *Estrategia de Bioeconomía para la Industria Alimentaria de Castilla y León -* [30]
BioEconomIA, https://www.vitartis.es/portfolio-item/estrategia-de-bioeconomia-para-la-
industria-alimentaria-de-castilla-y-leon-bioeconomia/ (accessed on 2 August 2019).

Notas

[1] Ministerio de la Presidencia y Administraciones Territoriales; Ministerio de Energía, Turismo y Agenda Digital; Ministerio de Empleo y Seguridad Social; Ministerio del Interior; Ministerio de Economía, Industria y Competitividad; Agencia Tributaria y Función Pública; Ministerio de Sanidad, Servicios Sociales e Igualdad; Ministerio de Agricultura y Pesca, Alimentación y Medio Ambiente; y Ministerio de Fomento.

[2] La nueva composición es la siguiente: Ministerio de Agricultura, Pesca y Alimentación; Ministerio para la Transición Ecológica y el Reto Demográfico; Ministerio de Economía y Transformación Digital; Ministerio de Educación y Formación Profesional; Ministerio de Hacienda; Ministerio de Sanidad; Ministerio de Industria, Comercio y Turismo; Ministerio del Interior; Ministerio de Trabajo y Economía Social; Ministerio de la Presidencia, Relaciones con las Cortes y Memoria Democrática; Ministerio de Ciencia e Innovación; Ministerio de Política Territorial y Función Pública; Ministerio de Transportes, Movilidad y Agenda Urbana; y Ministerio de Universidades. (Ministerio de la Presidencia, 2020[60]).

[3] Para más información véase: www.eib.org/en/efsi/index.htm

[4] Para más información véase: www.eib.org/en/products/blending/innovfin

[5] Reglamento Municipal de Limpieza, Recogida y Eliminación de Residuos Sólidos Urbanos del Ayuntamiento de Valladolid y Ordenanza Municipal de Protección del Medio Urbano del citado Ayuntamiento.

[6] Para más información véase: https://www.valladolid.es/es/ayuntamiento/ordenanzas-fiscales/ordenanzas-fiscales-2013/ordenanza-fiscal-tasa-reguladora-servicio-recogida-residuos

[7] Para más información véase: www.boe.es/buscar/pdf/1997/BOE-A-1997-8875-consolidado.pdf

[8] Un ejemplo de las certificaciones medioambientales existentes es la ISO 14001 "Sistema de gestión medioambiental". Proporciona herramientas prácticas a las empresas y organizaciones de todo tipo que deseen gestionar sus responsabilidades medioambientales con el fin de alcanzar los requisitos necesarios para obtener la certificación https://www.iso.org/iso-14001-environmental-management.html.

[9] Las ciudades "faro" forman parte del proyecto Horizonte 2020 de la UE "SmartEnCity", cuyo objetivo es desarrollar un enfoque sistémico altamente adaptable y replicable para transformar las ciudades europeas en entornos urbanos sostenibles, inteligentes y eficientes en cuanto a recursos. Otras ciudades que

participan en el proyecto son Sonderborg en Dinamarca, Tartu en Estonia y Vitoria-Gasteiz en España (SmartEnCity, 2019[59]).

[10] Hay dos proyectos en marcha: "Habitarte", un concurso sobre ecodiseño de equipamientos para edificios de uso colectivo; y "Eco design 4 Contract", una guía para la implantación de procesos de ecodiseño en la "industria del contrato" (un ejemplo creciente del modelo de negocio de *producto como servicio* que proporciona mobiliario como servicio a través de la firma de un contrato y el suministro de todo el mobiliario necesario en un apartamento durante un periodo de tiempo acordado). (AEICE, 2019[48]).

[11] Para más información véase: https://www.fiarebancaetica.coop

[12] Para más información véase: https://www.triodos.es/es

[13] Para más información véase: http://web.finnovaregio.org

3 Recomendaciones de políticas y acciones para una economía circular en Valladolid, España

En respuesta a los retos identificados en el capítulo 2, este capítulo sugiere algunas recomendaciones de políticas para implementar la economía circular en la ciudad de Valladolid, España. Las recomendaciones de políticas van acompañadas de una lista de acciones para su aplicación concreta, de acuerdo con las prácticas internacionales.

Introducción

Se han identificado un total de 19 recomendaciones en función del papel de la ciudad como promotora, facilitadora y habilitadora de la economía circular (Tabla 3.1). Estas recomendaciones van acompañadas de un conjunto de acciones destinadas a apoyar la transición de Valladolid hacia una economía circular. Las acciones propuestas son indicativas y se basan en prácticas internacionales, teniendo en cuenta el contexto local. Estas prácticas internacionales llevadas a cabo en el ámbito de la economía circular por ciudades, regiones y gobiernos nacionales pueden servir de inspiración para la aplicación de las recomendaciones. Como tales, no se espera que sean replicadas en Valladolid, sino que proporcionan a la ciudad un conjunto de ejemplos para el desarrollo y la implementación de las acciones sugeridas.

Tabla 3.1. Recomendaciones de políticas para la economía circular en Valladolid, España

Promotor	Facilitador	Habilitador
Realizar análisis del metabolismo urbano	Coordinar la hoja de ruta local con otras estrategias a nivel regional y nacional, para maximizar las sinergias y colaboraciones	Identificar los instrumentos normativos que deben adaptarse para fomentar la transición a una economía circular
Desarrollar una estrategia de economía circular con objetivos claros y medibles	Conectar el gobierno local con las universidades, las empresas y los ciudadanos	Identificar las herramientas fiscales y económicas para la economía circular
Mapear empleos circulares en la ciudad por sectores	Apoyar el desarrollo de las empresas y estimular el espíritu empresarial en la economía circular	Reforzar el papel de la Agencia de Innovación y Desarrollo Económico
Promover la "visión circular" "predicando con el ejemplo"	Reforzar el intercambio de experiencias con las ciudades vecinas	Implementar la contratación pública ecológica
Reforzar la comunidad circular		Desarrollar programas de formación sobre la economía circular
Concienciar sobre las oportunidades y herramientas para avanzar hacia una economía circular		Permitir iniciativas a pequeña escala
Introducir una certificación o una etiqueta para las "empresas circulares" como incentivo para las empresas locales		Reforzar la eficacia de las subvenciones municipales relacionadas con la economía circular
		Desarrollar un marco de seguimiento y evaluación

Es importante tener en cuenta que:

- <u>Las acciones no son obligatorias ni vinculantes</u>: Las acciones identificadas abordan una variedad de formas de implementar y alcanzar los objetivos. Sin embargo, no son obligatorias ni vinculantes. Representan sugerencias, cuya idoneidad y viabilidad debe evaluar cuidadosamente el municipio de Valladolid de forma inclusiva, con la participación de las partes interesadas, según proceda. A su vez, puede explorarse la combinación de más de una acción, si es necesario.
- <u>Debe considerarse la priorización de las acciones</u>: Teniendo en cuenta la inviabilidad de abordar todas las recomendaciones al mismo tiempo, la priorización es clave. Como tal, los pasos dados hacia una transición circular deben ser progresivos.
- <u>Deben evaluarse los recursos para la ejecución</u>: La aplicación de las acciones requerirá recursos humanos, técnicos y financieros. A la hora de priorizar y evaluar la idoneidad y viabilidad de las acciones sugeridas, deben evaluarse cuidadosamente los recursos necesarios para ponerlas en práctica, así como el papel de las partes interesadas que pueden contribuir a la fase de ejecución.
- <u>Las acciones propuestas deberían actualizarse en el futuro</u>: Pueden surgir nuevos pasos y objetivos potenciales a medida que las acciones comiencen a aplicarse.
- <u>Varias partes interesadas deberían contribuir a su aplicación</u>: Las recomendaciones de políticas y las acciones conexas deben aplicarse como una responsabilidad compartida por una amplia gama

de actores. Los grupos de partes interesadas que han contribuido a este informe y a la identificación de las acciones están representados en Figura 3.1. Tienen un papel clave como "habiliatadores" del sistema de economía circular en Valladolid, España, junto con otras partes interesadas que participarán en el futuro.

Figura 3.1. Mapa de las partes interesadas en Valladolid, España

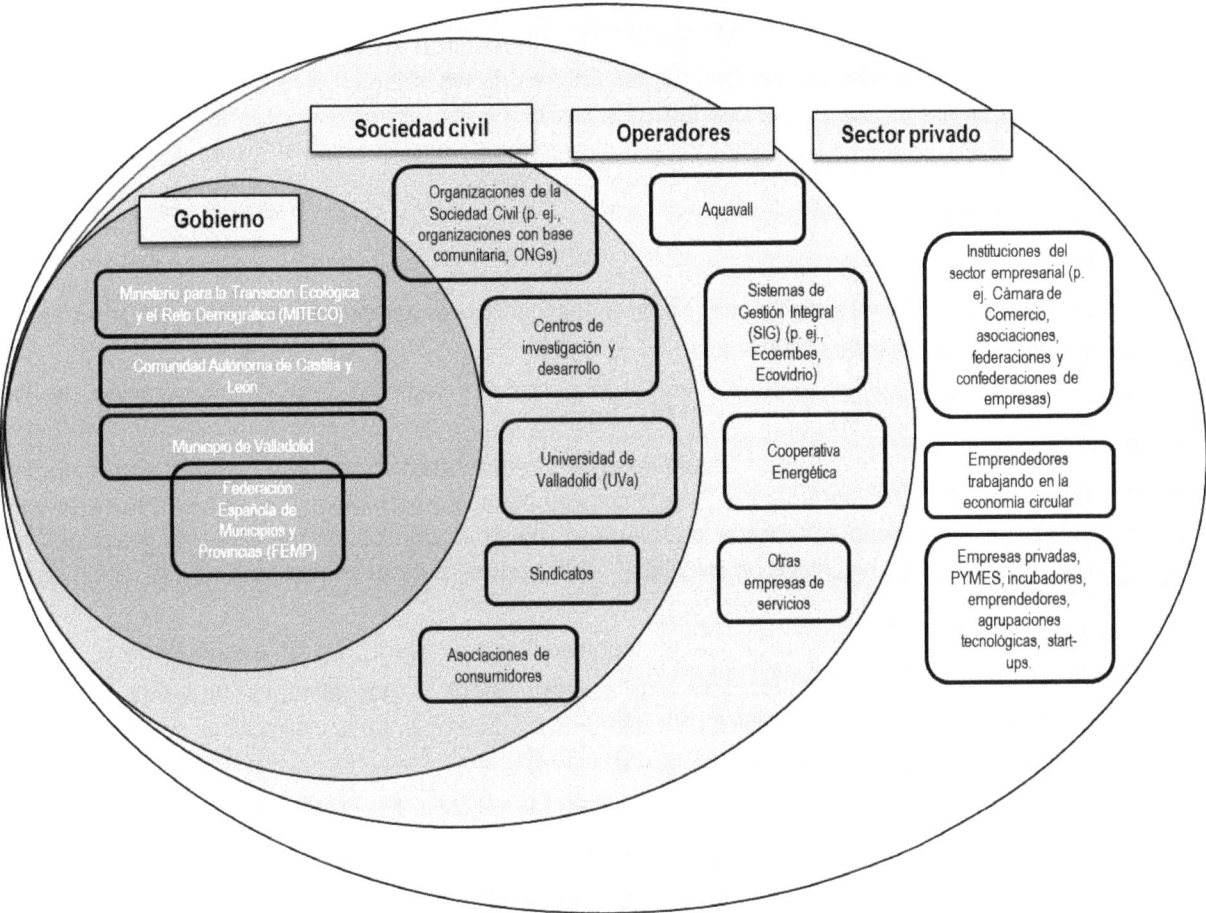

Nota: Este mapa de actores se basa en los 48 actores que participaron en las 2 misiones de la OCDE a la ciudad de Valladolid del 25 al 28 de febrero de 2019 y del 29 de octubre de 2019.

Valladolid puede desempeñar un papel de promotor, facilitador y habilitador de la estrategia de economía circular. Las ciudades actúan como *promotoras* cuando identifican las prioridades, promueven proyectos concretos e involucran a las partes interesadas; son *facilitadoras* cuando fomentan la cooperación entre las partes interesadas, los ciudadanos y los niveles de gobierno. El papel de *habilitador* de la ciudad implica establecer las condiciones necesarias para la economía circular (por ejemplo, actualizar los marcos normativos, catalizar fondos, etc.). Para impulsar la economía circular en Valladolid, la ciudad podría aplicar las recomendaciones detalladas en esta sección.

Promover una visión y una estrategia para la economía circular

La ciudad de Valladolid muestra una fuerte voluntad de iniciar el camino hacia la economía circular con un equipo dedicado, fondos disponibles y una comunidad de emprendedores de la economía circular.

Estas son condiciones relevantes para promover la economía circular en la ciudad. Para impulsar la economía circular en Valladolid, la ciudad podría implementar las recomendaciones detalladas en esta sección.

Realizar análisis del metabolismo urbano

Los análisis del metabolismo urbano tendrían como objetivo: i) desarrollar el conocimiento sobre los flujos de materiales de la ciudad para reducir con el tiempo la extracción de recursos (*input*) y las externalidades negativas como la contaminación y los residuos (*output*); ii) reutilizar los materiales, cuando sea posible; iii) identificar las prioridades de la ciudad a partir del análisis de las tendencias de consumo y producción. La ciudad podría cooperar con la universidad para llevar a cabo el análisis, que debería actualizarse periódicamente y realizarse a escala metropolitana y regional. El estudio sobre el metabolismo urbano en París podría tomarse como ejemplo (Circular Metabolism, 2017[1]).

Acciones clave:

- Colaborar con universidades y centros de investigación, desarrollo e innovación (I+D+i) para el análisis del metabolismo urbano.
- Evaluar la escala del análisis a nivel metropolitano y regional, con la colaboración de las autoridades competentes.
- Identificar acciones concretas de seguimiento para reducir el consumo de recursos y los resultados negativos, como la contaminación. En el caso del agua, los materiales y la energía, por ejemplo, pueden implementarse soluciones digitales (por ejemplo, contadores de agua, aplicaciones de datos móviles para soluciones de movilidad, aplicaciones para el ahorro de energía), además de políticas adecuadas.
- Difundir los resultados del análisis del metabolismo y comunicarlos claramente al público.
- Realizar el análisis del metabolismo de forma periódica (por ejemplo, una vez al año o bianualmente), además de actualizar los estudios medioambientales y climáticos con regularidad.

Desarrollar una estrategia de economía circular con objetivos claros y medibles

Una ciudad circular requeriría diseñar una visión de cómo debería ser la ciudad en el futuro. Una visión circular de la ciudad implica abstenerse de una visión que conciba la economía circular como una forma de optimizar el sistema lineal actual. Aunque ya existan varias iniciativas en Valladolid, están fragmentadas y, por tanto, es difícil determinar los impactos sociales, económicos y medioambientales relevantes. Una visión global ayudaría a mejorar la coherencia entre las diferentes iniciativas. Esto implica mapear los sectores que aplican los principios de la economía circular y encontrar sinergias entre ellos, con el fin de evitar políticas aisladas o soluciones a corto plazo. La estrategia debe garantizar que las actividades de la economía circular conduzcan a un replanteamiento de los modelos de producción y consumo y de las colaboraciones a lo largo de la cadena de valor. En Tabla 3.2presentan ejemplos de estrategias de economía circular a nivel subnacional. Una vez establecidos, se deben vincular metas medibles a los objetivos. Algunos marcos de medición de la economía circular, aplicados a nivel de ciudad, son los siguientes: *Measuring the Circular Economy: Developing an indicator set for Opportunity Peterborough [Medición de la economía circular: Desarrollo de un conjunto de indicadores para Opportunity Peterborough]* (Morley, Looi and Zhao, 2018[2]), *Indicators for a Circular Economy [Indicadores para una economía circular]* (Vercalsteren, Christis and Van Hoof, 2018[3]), *Circular Economy Framework Monitoring Report*, Greater Porto Area, Portugal [*Informe de seguimiento del marco de la economía circular, Área del Gran Oporto, Portugal*] (LIPOR, 2018[4]).

Tabla 3.2. Iniciativas de economía circular a nivel subnacional

Ciudad	País	Iniciativa
Ámsterdam	Países Bajos	Amsterdam Circular 2020-25 (2019)
Área Metropolitana De Barcelona (AMB)	España	Circular economy promotion programme AMB circular (2019): i) Industrial Symbiosis Metropolitan Project ii) Platform of Natural Resources iii) Circular Economy Table
Región de Bruselas-Capital	Bélgica	Regional Programme for the Circular Economy 2016-20 (PREC)
Flandes	Bélgica	Circular Flanders, 2016
Nantes	Francia	Circular Economy Roadmap Nantes (2018) (Feuille de route économie circulaire Nantes Métropole)
París	Francia	Circular Economy Plan 2017-20 (2017) (Plan économie circulaire de Paris 2017-20)
Rotterdam	Países Bajos	Rotterdam Circularity Programme 2019-23
Escocia	Reino Unido	Making Things Last: A Circular Economy Strategy for Scotland (2016)
Tilburg	Países Bajos	Tilburg Circular Agenda 2019

Fuente: OECD (forthcoming[5]), *The Circular Economy in Cities and Regions*, Synthesis Report, OECD Publishing, Paris.

Acciones clave:

Trazar un mapa de las iniciativas circulares existentes en varios sectores

- Identificar los sectores clave (por ejemplo: la regeneración urbana, el turismo, la construcción, los residuos, etc.) que podrían generar impactos económicos, ambientales y sociales relevantes, establecer prioridades y posibles colaboraciones.
- Identificar las actividades que pueden ser relevantes para pasar de un sistema lineal a uno circular (por ejemplo: el diseño ecológico, los servicios en lugar de la propiedad).

Definir objetivos y acciones

- Definir objetivos realistas y orientados a los resultados, a corto, medio y largo plazo (por ejemplo: proyectos relacionados con la economía circular, número de edificios circulares que deben construirse, etc.).
- Alinear los objetivos de la estrategia de economía circular con los objetivos de las políticas existentes (por ejemplo: transición energética, cambio climático, ciudad inteligente y planificación urbana).

Involucrar a las partes interesadas

La economía circular es una responsabilidad compartida entre las partes interesadas que deben participar desde la fase cero de la estrategia para crear consenso y visión. Los pasos consisten en (OECD, 2015[6]):

- Diseñar una metodología participativa para involucrar a las partes interesadas clave para trabajar en la definición y co-creación de una estrategia de economía circular que refleje sus preocupaciones:
  - Trazar un mapa de todas las partes interesadas que tienen un interés en el resultado o que pueden verse afectadas, así como su responsabilidad, motivaciones principales e interacciones.
  - Definir la línea final de la toma de decisiones, los objetivos de la participación de las partes interesadas y el uso esperado de las aportaciones.

- - Utilizar técnicas de participación de las partes interesadas, garantizando la representación efectiva de todas ellas en el proceso.
  - Asignar los recursos financieros y humanos adecuados y compartir la información necesaria para la participación de las partes interesadas orientada a los resultados.
  - Evaluar periódicamente el proceso y los resultados de la participación de las partes interesadas para aprender, ajustar y mejorar en consecuencia.
  - Integrar los procesos de participación en marcos legales y políticos claros, estructuras/principios organizativos y autoridades responsables.
  - Adaptar el tipo y el nivel de compromiso a las necesidades y mantener el proceso flexible a las circunstancias cambiantes.
  - Aclarar cómo se utilizarán las aportaciones.
  - Comunicar claramente la responsabilidad de cada actor en el municipio.
- Organizar campañas de comunicación y actividades en la ciudad para sensibilizar a las partes interesadas sobre los objetivos y beneficios de la economía circular y sobre cómo pueden contribuir los ciudadanos.
- Crear espacios de participación para los ciudadanos y las partes interesadas a lo largo de las diferentes fases de aplicación de la estrategia de economía circular. Los instrumentos para la participación de las partes interesadas incluyen:
  - Foros con múltiples partes interesadas.
  - Talleres.
  - Desayunos de trabajo sobre la economía circular.
  - Metodologías de co-creación.
  - Circuitos de retroalimentación.

Desarrollar un plan financiero

- Diseñar un conjunto de acciones para la consecución de los objetivos, definir los resultados esperados y asignar un presupuesto y recursos a cada una de las acciones.
- Desarrollar un plan financiero para la implementación de la estrategia.
- Identificar y comunicar los costes (medioambientales, sociales y de oportunidad) y los beneficios de las actividades circulares en comparación con los enfoques lineales (escenario de referencia o no adopción de medidas).

Seguimiento y evaluación

- Identificar indicadores y objetivos medibles (económicos, sociales y medioambientales) para supervisar y evaluar la estrategia. Los indicadores propuestos por la OCDE (forthcoming[5]) puede tenerse en cuenta:

Establecimiento de la estrategia
  - Número de administraciones/departamentos públicos que participan en el diseño de la estrategia de economía circular.
  - Número de acciones identificadas para alcanzar los objetivos.
  - Número de proyectos de economía circular para aplicar las acciones.
  - Número de personal empleado para el diseño de la estrategia de economía circular en la ciudad/región/administración.

- o Número de partes interesadas que participan en la creación conjunta de la estrategia de economía circular.
- o Número de proyectos financiados por la ciudad/gobierno regional/Número total de proyectos.
- o Número de proyectos financiados por el sector privado/Número total de proyectos.

  Aplicación de la estrategia
  - o Residuos desviados del vertedero (T/habitante/año o %).
  - o Emisiones de CO_2 evitadas (T CO_2/habitante o %).
  - o Materia prima evitada (T/habitante/año o %).
  - o Utilización de material recuperado (T/habitante/año o %).
  - o Ahorro de energía (Kgoe/habitante/año o %).
  - o Ahorro de agua (ML/habitante/año o %).
- Comunicar claramente el objetivo y los resultados previstos de la estrategia.

Mapear los empleos circulares en la ciudad por sectores

La visión de la economía circular también podría trazar un mapa de las posibles oportunidades de creación de empleo, ya sea a partir de nuevas actividades o de cambios en las empresas, que requieran adaptación. Esto podría ayudar a: i) obtener una visión general de la situación futura del empleo y detectar los sectores más vulnerables; ii) hacer coincidir la oferta y la demanda en el mercado laboral de la ciudad y sus alrededores; y iii) establecer premisas para adaptar los programas educativos y la formación a las necesidades de la transición a la economía circular, incluso para que el sector empresarial incluya la circularidad en los procesos y prácticas de producción. En Recuadro 3.1presentan algunos enfoques de los empleos circulares a nivel de la ciudad.

Recuadro 3.1. Enfoques urbanos de los empleos circulares

La transición a la economía circular tiene el potencial de generar nuevos empleos. Para 2035, la Comisión Europea (CE) espera crear más de 170.000 nuevos puestos de trabajo directos relacionados con la economía circular mediante la aplicación del Paquete de Economía Circular. La Organización Internacional del Trabajo (OIT) estima que, para 2030, el empleo en los sectores de servicios (50 millones) y de gestión de residuos (45 millones) será el que más crezca en todo el mundo (OIT, 2018[7]) A continuación, se exponen algunos ejemplos de cómo las ciudades dan cuenta de los empleos "circulares".

- En 2016, la ciudad de **París** (Francia) identificó 66.500 empleos a tiempo completo relacionados con la economía circular. En su mayoría, los empleos están asociados a la gestión de la energía, las energías renovables, la incineración de residuos con recuperación de energía y parte de las actividades relacionadas con las infraestructuras de transporte. Además, se consideran 7 categorías adicionales de actividades relacionadas con la economía circular: el ecodiseño, la ecología industrial y territorial, la economía funcional, el suministro sostenible, el consumo responsable, la prolongación de la vida útil y el reciclaje. La cuantificación de los puestos de trabajo se realiza a través de tres enfoques: por sector de actividad (puestos de trabajo en el alquiler, la reparación, la de segunda mano, el transporte, las industrias de materias primas secundarias, la recogida de residuos con recuperación de energía); por tipo de productos (por ejemplo, el papel reciclado); por instituciones específicas registradas (puestos de trabajo que tienen lugar en instituciones registradas como Organizaciones de Responsabilidad del Productor, PRO, por sus siglas en inglés).

- En 2013, la ciudad de **Londres** (Reino Unido) contabilizó 46.700 empleos en actividades de economía circular. Se consideraron tres tipos de empleos en: reciclaje (venta al por mayor de residuos y chatarra); reutilización (reparación de productos metálicos, maquinaria y equipos; reparación de ordenadores, aparatos electrónicos y artículos domésticos; y venta al por menor de artículos de segunda mano); y actividades de alquiler y arrendamiento. El Consejo de Residuos y Reciclaje de Londres (LWARB) indica que, de aquí a 2030, los puestos de trabajo de ventas y servicios al cliente aumentarán un 1,18%, seguidos de los de cualificación media (0,66%) y los de alta cualificación (0,30%). El LWARB identifica tres niveles de especialización laboral: i) alta cualificación (por ejemplo, gerentes, directores y altos funcionarios, puestos profesionales y técnicos asociados); ii) media cualificación (por ejemplo, funciones administrativas y de secretaría, ocupaciones comerciales cualificadas y operarios de procesos, plantas y máquinas); iii) baja cualificación (por ejemplo, ventas y servicios al cliente y ocupaciones elementales.
- En 2016, el **Área Metropolitana de Ámsterdam (**AMA) (Países Bajos) contabilizó 140.000 puestos de trabajo como parte de la economía circular (el 11% del total de puestos de trabajo del área). La tecnología digital, el diseño circular y la extensión de la vida útil son los sectores más relevantes. La AMA definió siete elementos circulares clave para los "empleos directamente circulares", divididos en "empleos circulares centrales" y "empleos circulares facilitadores". Los "empleos circulares centrales" están relacionados con actividades que dan prioridad a los recursos regenerativos (por ejemplo, el sector de las energías renovables); preservan y amplían lo que ya está hecho (por ejemplo, el sector de la reparación); utilizan los residuos como recurso (por ejemplo, el reciclaje); y replantean los modelos de negocio (por ejemplo, las actividades de alquiler o arrendamiento). Los "empleos circulares facilitadores" pretenden crear valor conjunto a partir de colaboraciones (por ejemplo, las asociaciones profesionales y de redes); diseñar para el futuro (por ejemplo, la arquitectura o el diseño industrial); e incorporar la tecnología digital (por ejemplo, la innovación digital). También se identifican los "empleos indirectamente circulares" y se refieren a todos los demás sectores que ofrecen servicios a las actividades de los empleos circulares y que crean actividades circulares de apoyo (por ejemplo, la educación, la administración y los servicios profesionales). Los seis grupos de habilidades relevantes para los futuros empleos circulares son: habilidades básicas (capacidades que facilitan la adquisición de nuevos conocimientos); resolución de problemas complejos (habilidades para resolver problemas nuevos y complejos en entornos del mundo real); habilidades de gestión de recursos (capacidades para la asignación eficiente de recursos); habilidades sociales (habilidades para trabajar con la gente hacia la consecución de objetivos comunes); habilidades de sistemas (capacidades para entender, evaluar y mejorar los "sistemas sociotécnicos"); y habilidades técnicas (competencias para diseñar, organizar, utilizar y reparar máquinas y sistemas tecnológicos).

También hay ejemplos de indicadores para medir la creación de empleo:

- En **Peterborough** (Reino Unido), "Circular Peterborough", el programa local de economía circular, desarrolló ocho indicadores que incluyen dimensiones socioeconómicas, uno de los cuales mide el "porcentaje de empleos circulares y el porcentaje de negocios circulares". El informe *"Measuring the Circular Economy: Developing an indicator set for Opportunity Peterborough"* detalla seis subindicadores para medir el "porcentaje de empleos de la economía circular" en la ciudad: venta al por menor de bienes de segunda mano en tiendas; actividades de alquiler y arrendamiento; venta al por mayor de residuos y chatarra; actividades de recogida de residuos y reparación de ordenadores y enseres domésticos; reparación e instalación de maquinaria.
    - La ciudad de **Toronto** (Canadá) mide la dimensión social de la economía circular a través de tres indicadores: el número de empleos verdes creados y asegurados, el número de personal

> de la ciudad formado en los principios de la contratación circular y las actividades de utilización de activos/reparto.
>
> Fuente: EC (2016[8]), *Circular Economy Package: Four Legislative Proposals on Waste*, European Commission; ILO (2018[9]), *World Employment and Social Outlook 2018 – Greening with Jobs*, http://www.ilo.org/publns (accessed on 29 January 2020); City of Paris (2019[10]), *Quantifier les emplois de l'économie circulaire de Paris - Synthèse*; LWARB (2017[11]), *Employment and the Circular Economy: Job Creation through Resource Efficiency in London*, http://www.wrap.org.uk (accessed on 29 January 2020); Circle Economy/ EHERO (2018[12]), *Circular Jobs and Skills in the Amsterdam Metropolitan Area*, https://assets.website-files.com/5d26d80e8836af7216ed124d/5d26d80e8836af6ddeed12a2 (accessed on 5 February 2020); Morley, A., E. Looi and C. Zhao (2018[2]), *Measuring the Circular Economy: Developing an Indicator Set for Opportunity Peterborough*; City of Toronto (2018[13]), *Circular Economy Procurement Implementation Plan and Framework*.

Acciones clave:

- Realizar estudios específicos para identificar las futuras oportunidades de empleo en la ciudad por sectores:
    - Desarrollar actividades de consulta con representantes de diversos sectores, desde el comercio minorista hasta la hostelería y los servicios, para comprender el nivel de circularidad en todas las cadenas de valor e identificar las lagunas y las oportunidades de trabajo.
    - Analizar el tipo de habilidades requeridas, desde las de baja a las de alta cualificación y los niveles de competencia por sector.
    - Reforzar el sector artesanal para la reutilización de productos.
    - Adecuar las capacidades financieras, humanas y técnicas a las necesidades identificadas.
- Explorar la posibilidad de incorporar la economía circular como un nuevo tema de trabajo en el diálogo social en curso entre la ciudad de Valladolid, las instituciones del sector empresarial y los sindicatos.

Promover la "visión circular" "predicando con el ejemplo"

La ciudad podría empezar a aplicar los principios circulares en sus actividades y servicios para dar ejemplo. El municipio debería ser un ejemplo de cambio y convertirlo en un objetivo explícito, con el fin de: i) mostrar la viabilidad de avanzar hacia una transición circular a través de acciones específicas; ii) "practicar lo que se predica" a través de ejemplos y actividades concretas; iii) sensibilizar al público sobre los impactos de la economía circular. Esto podría hacerse, por ejemplo, mediante: la reducción de la generación de residuos (prohibiendo los plásticos de un solo uso, como los vasos, en los eventos municipales y en las actividades diarias); la aplicación del modelo de producto como servicio a través de la contratación pública (pagando por un servicio de iluminación adaptado a las necesidades del municipio en lugar de comprar bombillas y aparatos); y el fomento del uso de materiales secundarios. Desde 2015, Ámsterdam (Países Bajos) ha puesto en marcha el programa "Learning by doing" ("*Aprender haciendo*"), que pretende demostrar con ejemplos empíricos que la economía circular es rentable en todos los aspectos, reuniendo a diferentes departamentos de la ciudad y a diversas partes interesadas para definir acciones políticas. En cuanto a los nuevos modelos de negocio basados en el alquiler y el uso compartido, cabe citar los siguientes ejemplos: El Aeropuerto Schiphol de Ámsterdam alquila la luz como un servicio, en lugar del modelo tradicional de compra de bombillas: con este modelo, Schiphol paga por la luz que utiliza mientras que Philips sigue siendo el propietario de todas las instalaciones y es responsable de su rendimiento y durabilidad (Circular Economy Club, 2019[14]). La ciudad de Tokio (Japón) pretende reducir las emisiones de CO_2 producidas durante la celebración de los Juegos Olímpicos de 2020 mediante el alquiler y el arrendamiento de materiales, el ahorro de recursos, la minimización de la producción de residuos y el uso de materiales reciclados para los uniformes de los participantes, entre otras medidas (Organising Committee of the Olympic and Paralympic Games Tokyo 2020, 2018[15]).

Acciones clave:

- Implementar modelos circulares dentro de la ciudad y comunicarlos claramente a los ciudadanos. Algunos ejemplos de estas prácticas podrían ser:
    - Contratación Pública Verde (CPV): criterios de adjudicación que favorecen la transición a una economía circular (por ejemplo, reutilización, durabilidad, reparabilidad, compra de productos de segunda mano o refabricados).
    - Modelos de negocio que pasarían de la propiedad a los servicios (por ejemplo, modelo de producto como servicio a través de la contratación pública: pagar por un servicio de iluminación adaptado a las necesidades del municipio en lugar de comprar bombillas y aparatos; alquilar un servicio de mobiliario en lugar de comprar muebles específicos, etc.).
    - Reducción de la generación de residuos (por ejemplo, planes para evitar la producción de residuos; reducir el uso de papel o prohibir los plásticos de un solo uso, como los vasos, en los actos municipales y las actividades cotidianas).
    - Suministro de los contenedores necesarios para la recogida selectiva en toda la ciudad.
- Comunicar claramente a los ciudadanos los objetivos, todas las iniciativas circulares que está promoviendo la ciudad y los avances conseguidos (por ejemplo, porcentaje de plástico de un solo uso evitado en un año, etc.).

Reforzar la comunidad circular

Gracias a las subvenciones municipales dedicadas a la economía circular, existe una creciente comunidad circular en Valladolid. Por lo tanto, es importante dar un impulso y asegurarse de que la comunidad pueda fortalecerse. Esto reforzaría el compromiso con la transición a la economía circular en varios sectores; reduciría las posibles resistencias al cambio del modelo tradicional de la economía lineal y aumentaría la conciencia ciudadana sobre la economía circular. Podrían utilizarse varias herramientas, como el fomento de los instrumentos de comunicación (plataformas en internet y fuera de internet para promover proyectos e iniciativas) y la creación de espacios de encuentro y diálogo. Por ejemplo, una plataforma en línea dedicada a la economía circular en la que las distintas partes interesadas puedan compartir información sobre eventos y experiencias podría ser una forma de promover las sinergias entre ellas. La plataforma en línea debería ser gestionada y moderada por una entidad fiable identificada.

Acciones clave:

- Crear un foro de la economía circular, liderado por la Agencia de Innovación y Desarrollo Económico, que establezca un diálogo entre los ciudadanos, las empresas, los emprendedores (que hayan respondido a la convocatoria de ayudas municipales o las nuevas empresas).
- Crear un grupo de trabajo o comité permanente compuesto por diferentes actores (sector privado, administración pública, sindicatos, asociaciones empresariales, etc.) para proponer ideas e intercambiar experiencias. Incluir un calendario de reuniones para garantizar la continuidad.
- Crear una plataforma en línea o un sitio web con información clara y accesible sobre las herramientas existentes y las oportunidades futuras. La plataforma en línea debe ser una herramienta dinámica y viva gestionada y moderada por una entidad identificada y de confianza (por ejemplo, la Agencia de Innovación y Desarrollo Económico).
- Explorar la posibilidad de establecer un "pacto para la economía circular" en la ciudad, entre empresas y entidades locales, similar al pacto para la economía circular establecido a nivel nacional.
- Identificar incentivos, premios y retos por parte de los vecinos para estimular nuevas ideas y motivar a la comunidad circular.

Concienciar sobre las oportunidades y herramientas para avanzar hacia una economía circular

Es fundamental ofrecer ejemplos de casos empresariales de éxito (por ejemplo, en términos de ahorro de costes y creación de empleo). Una forma de hacerlo sería a través de "embajadores de la economía circular". La ciudad de Londres, a través de su Junta de Residuos y Reciclaje, ha empezado a reclutar "embajadores de la economía circular" en diferentes empresas y autoridades locales para compartir información sobre los beneficios de la economía circular para cada sector económico y sensibilizar al lugar de trabajo (London Waste and Recycling Board, 2017[16]). Los arquitectos, urbanistas, artistas y ecologistas también podrían ofrecer ejemplos de buenas prácticas y enfoques multidisciplinares. Otro instrumento podría ser la creación de una plataforma a modo de mercado donde las empresas pudieran intercambiar, vender y comprar productos y materiales reutilizables. Una práctica similar se lleva a cabo en la ciudad de Austin (Estados Unidos) a través del Austin Materials Marketplace [*Mercado de Materiales de Austin*], que es una plataforma totalmente digital.

Acciones clave:

- Se pueden considerar varias herramientas:
  - Campañas de comunicación para mostrar los impactos de la economía circular y explicar cómo los ciudadanos y las diferentes partes interesadas pueden contribuir a ella. Estas campañas podrían incluir experiencias reales de actores que ya han incorporado la economía circular en sus procesos.
  - Conferencias y seminarios en colegios y universidades para sensibilizar a niños y estudiantes de Valladolid.
  - Sitio web dedicado para compartir conocimientos, buenas prácticas por sector en relación con la economía circular (por ejemplo, crear un repositorio digital de proyectos de economía circular en Valladolid).
  - Eventos para el intercambio de conocimientos, la creación de redes y la promoción de la economía circular.
  - Redes sociales para compartir información de iniciativas actuales.
- Incorporar programas de hábitos saludables en la estrategia de economía circular cuando sea conveniente (por ejemplo, consumo, eliminación de residuos alimentarios, urbanismo saludable, entre otros).
- Considerar la introducción de la figura de "embajadores de la economía circular" en el municipio, el sector privado y la sociedad civil (por ejemplo, empresas, entidades locales, sindicatos) como delegados responsables de compartir la información sobre los impactos de la economía circular.
- Crear delegados de medio ambiente en los comités de empresa que incorporen los temas de la economía circular a sus responsabilidades.
- Explorar herramientas para favorecer la reutilización y crear una "cultura" circular, tales como:
  - Plataformas de intercambio de bienes y materiales usados (por ejemplo, muebles, textiles, puntos limpios, etc.).
  - Ferias y eventos para el intercambio de bienes usados.
  - Solicitudes de intercambio de bienes usados.
  - Plataformas de subproductos industriales por sectores para facilitar la circularidad interempresarial.

Introducir una certificación o una etiqueta para las "empresas circulares" como incentivo para las empresas locales

La ciudad podría considerar la introducción de una certificación o una etiqueta para las empresas que sigan los principios circulares, con el fin de: ayudar a los consumidores a distinguir las empresas que adoptan los principios de la economía circular; promover la adopción de modelos de economía circular en los procesos de transformación de las empresas privadas; identificar los materiales producidos y utilizados de forma circular y recompensar a las empresas circulares e incentivar a otras a iniciar su transición. Hay varios ejemplos de etiquetas y certificados que se conceden cuando los productos se producen localmente, con poco o ningún embalaje, se reduce el consumo de energía, se tratan adecuadamente los residuos según la mejor opción disponible, etc. (Recuadro 3.2). Los criterios de etiquetado podrían formularse tras estudios detallados por parte de universidades y centros de investigación, incorporando al mismo tiempo la opinión de los comercios locales.

Recuadro 3.2. Ejemplos de productos etiquetados para la economía circular

Las certificaciones se realizan para garantizar a las partes interesadas y a los clientes que los productos y servicios cumplen los requisitos vinculados a la economía circular. Tanto el sector privado como las autoridades nacionales y locales están tomando medidas en este sentido para desarrollar e introducir etiquetas para la economía circular:

- **OrganiTrust®,** un organismo de certificación mundial, expide certificados sobre la economía circular en los siguientes sectores: material en contacto con alimentos, cuidado personal y cosméticos, muebles, juguetes para niños, textiles y tejidos, electrónica, materiales de construcción, equipos de seguridad médica y productos químicos y detergentes domésticos. Además, también otorga esta calificación a algunas actividades de servicios, entre las que se encuentran el transporte, la construcción, las telecomunicaciones, la limpieza y el aparcamiento. Una vez que el producto o servicio ha conseguido la certificación, debe renovarse anualmente.
- El certificado "**Amsterdam Made**" se creó a petición del Ayuntamiento de Ámsterdam. Su principal objetivo consiste en informar a los consumidores sobre los productos que se fabrican en la zona de Ámsterdam, al tiempo que se busca impulsar la creatividad, la innovación, la sostenibilidad y la artesanía.
- La hoja de ruta francesa para la economía circular, **50 medidas para una economía 100% circular**, lanzada por el Ministerio de la Transición Ecológica y Solidaria *(Ministère de la transition écologique et solidaire)* en 2018, incluye el despliegue de un etiquetado medioambiental voluntario en 5 sectores piloto (mobiliario, textil, hoteles, productos electrónicos y productos alimentarios).
- El **Libro Blanco sobre la Economía Circular del Gran París** (Mairie de Paris, 2015[17]) contempla 65 propuestas, entre ellas el diseño y uso de etiquetas de economía circular. Más concretamente, pretende dar mayor visibilidad a las etiquetas medioambientales existentes en Francia, como NF Environment (una etiqueta de certificación colectiva para los productores que cumplen con las especificaciones de calidad medioambiental) y la etiqueta ecológica europea, así como el desarrollo de una etiqueta de calidad para los productos de segunda mano.

Fuente: French Government (2018[18]), *50 Measures for a 100% Circular Economy*, http://www.ecologique-solidaire.gouv.fr/sites/default/files/FREC%20-%20EN.pdf (accessed on 6 June 2019); Amsterdam Made (2019[19]), *Homepage*, http://www.amsterdammade.org/en/ (accessed on 6 June 2019); Mairie de Paris (2015[17]), *White Paper on the Circular Economy of Greater Paris*, https://api-site.paris.fr/images/77050 (accessed on 11 June 2019); Organi Trust (2019[20]), *Circular Economy and Organic Certification*, https://organitrust.org/ (accessed on 11 June 2019); HQE-GBC (2019[21]), *Circular Economy for HQE Sustainable Construction*.

Acciones clave:

- Reforzar el etiquetado ecológico existente en los procesos de producción de las empresas de Valladolid, introduciendo los principios de la economía circular y haciendo un seguimiento de los avances.
- Tener en cuenta los criterios de economía circular para la certificación. Por ejemplo:
  - Uso de materiales reciclados.
  - Desarrollo de cálculos de análisis de vida.
  - Procesos de deconstrucción.
  - Presentación de un plan de reutilización de materiales.
  - Prolongación de la vida útil del producto (por ejemplo, garantía prolongada, disponibilidad de piezas de recambio de un producto para permitir su reparación).
  - Concepto de "producto como servicio".
- Basándose en la información de las experiencias internacionales, dar prioridad a determinados sectores para realizar experiencias piloto sobre certificados circulares.
- Colaborar con las universidades y centros de investigación locales para analizar los criterios de las certificaciones circulares.
- Definir directrices comunes para los productos y procesos de la economía circular a nivel local con el fin de obtener la certificación.
- Promover el reconocimiento sistemático de las buenas prácticas mediante auditorías.
- Promover el desarrollo de actividades para mejorar el uso y el valor de las certificaciones (por ejemplo, un banco de materiales).

Facilitar la coordinación multinivel para la economía circular

La ciudad puede facilitar la colaboración y la cooperación entre un amplio abanico de actores para hacer realidad la economía circular sobre el terreno. A continuación, se describen las posibles acciones que la ciudad podría aplicar.

Coordinar la hoja de ruta local con otras estrategias a nivel regional y nacional, para maximizar las sinergias y colaboraciones

Esta recomendación pretende fomentar la coherencia política entre diferentes estrategias/hojas de ruta que pueden referirse a varios sectores, desde la alimentación hasta la movilidad y el uso del suelo, y que tienen objetivos comunes, desde la reducción de residuos hasta la neutralidad climática. Por lo tanto, vincular las estrategias existentes a nivel regional y nacional puede permitir al gobierno local alcanzar objetivos comunes, al tiempo que se identifican sinergias. Por ejemplo, el Programa Regional para la Economía Circular 2016-20 de la Región de Bruselas está coordinado por tres ministros y cuatro organismos administrativos regionales (Region of Brussels, 2016[22]); la Agencia Pública de Residuos de

Flandes (OVAM) tomó la iniciativa en 2018 de crear una plataforma nacional para la economía circular, a través de la cual los máximos niveles de los departamentos de medio ambiente federales y regionales, los departamentos de economía/innovación y los departamentos de finanzas se reúnen dos veces al año para decidir una acción común en los ámbitos políticos prioritarios (OECD, forthcoming[5]).

Acciones clave:

- Identificar las estrategias existentes y los objetivos relacionados que pueden alcanzarse a través de la economía circular (por ejemplo, la Agenda 2030 para el Desarrollo Sostenible de la ONU, el Acuerdo de París sobre el Cambio Climático).
- Identificar sinergias entre las estrategias existentes y futuras de la ciudad (por ejemplo, cambio climático, vivienda, energía, planificación urbana, etc.) para incorporar los principios de la economía circular.
- Identificar las iniciativas de economía circular disponibles a nivel regional y nacional y el papel de la ciudad para contribuir a la consecución de los objetivos.
- Crear plataformas de coordinación, por ejemplo:
  - Organizar seminarios y talleres, y reuniones ad-hoc para alinear los intereses de las autoridades locales, regionales y nacionales.
  - Red de economía circular que incluya representantes de los municipios de Castilla y León, de la región y del gobierno nacional.
  - Acuerdos de cooperación entre Valladolid, la Comunidad Autónoma de Castilla y León y otros municipios de la región para la puesta en marcha de proyectos conjuntos de economía circular.
  - Explorar las oportunidades derivadas de los contratos/acuerdos con el gobierno regional y nacional como herramientas para el diálogo, para experimentar, empoderar y aprender.

Conectar el gobierno local con las universidades, las empresas y los ciudadanos

La mejora de la coordinación entre las principales partes interesadas permitiría adquirir conocimientos sobre la economía circular, así como alcanzar un conjunto de objetivos compartidos, alcanzables y realistas. Por ejemplo, la investigación académica podría estar relacionada con las necesidades locales para una transición hacia la economía circular y conectada con el ecosistema productivo local de las pequeñas y medianas empresas (PYMES). Esto también podría hacerse a través de "retos" y "convocatorias abiertas" para resolver problemas municipales y estimular la innovación. Algunos ejemplos internacionales pueden servir de inspiración. Por ejemplo, *Start-up in Residence* (San Francisco, Estados Unidos) y el *Amsterdam Circular Challenge* (Ámsterdam, Países Bajos) ponen en contacto a entidades de nueva creación (*start-ups*) con empresas ya existentes para que aporten soluciones a los problemas de la ciudad mediante procesos de selección transparentes.

Acciones clave:

- Identificar posibles pilotos y experimentaciones que impliquen a departamentos de I+D+i y universitarios, en función de las necesidades del municipio (por ejemplo, actividades circulares en el sector de la movilidad, el turismo, la alimentación, los residuos, la bioeconomía, etc.).
- Recoger propuestas académicas y empresariales para poner en marcha actividades circulares con impacto social y considerar el apoyo para su puesta en marcha (por ejemplo, apoyo financiero para los estudiantes).
- Acuerdos de colaboración entre el municipio y la universidad para trabajar en áreas prioritarias relacionadas con la economía circular a nivel local.

- Colaborar con las universidades para implementar la economía circular en los programas educativos existentes.
- Organizar eventos, talleres y ferias en los que las empresas puedan compartir sus necesidades tecnológicas y encontrar nuevos socios.
- Crear plataformas interactivas en línea para animar a los partes interesadas a intercambiar información entre ellas sobre sus necesidades y a supervisar las actividades y actualizaciones de la plataforma.
- Crear espacios de trabajo colaborativo (co-working) para el intercambio de ideas entre varios actores.
- Colaborar con las empresas y los sindicatos para iniciar o impulsar su transición hacia la economía circular. Incluir este asunto en el diálogo social entre la ciudad, los sindicatos y las empresas.

Apoyar el desarrollo de las empresas y estimular el espíritu empresarial en la economía circular

La ciudad puede apoyar a las empresas a través de herramientas normativas, financieras y de desarrollo de capacidades para proporcionar condiciones que estimulen los negocios circulares en las empresas de nueva creación y en las ya existentes. Algunas prácticas internacionales son: Prodock, la incubadora de escala del puerto de Ámsterdam que, desde 2016, ayuda a negocios y empresas a cocrear soluciones en un espacio de trabajo compartido en diversos temas, desde la transformación de residuos húmedos en gas renovable, hasta la producción de productos químicos de base biológica sostenibles, o el reciclaje de residuos de plástico y jabón en el sector de la hostelería. La Junta de Residuos y Reciclaje de Londres creó un programa llamado Advance London para poner en marcha y ampliar empresas relacionadas con la economía circular. Enriquecer los servicios de consultoría ofrecidos a las empresas con un componente sobre prácticas de la economía circular podría ser otra forma de promover la innovación (por ejemplo, la Cámara de Comercio podría hacerlo o participar activamente). Además, facilitar el diálogo sobre el potencial de la economía circular por sectores en las agrupaciones empresariales existentes que reúnen a las pymes y a los centros de conocimiento también podría promover nuevos modelos de negocio y la innovación. Es fundamental que los expertos de cada sector (por ejemplo, turismo, construcción, residuos, etc.) compartan experiencias para comprender mejor lo que se puede hacer, dónde están las lagunas y cómo se pueden superar.

Acciones clave:

- Se han identificado diversas herramientas a partir de las prácticas internacionales, como:
    - Exenciones fiscales o de la seguridad social para las empresas que realicen inversiones ambientalmente relevantes relacionadas con la economía circular (por ejemplo, tecnologías de energía sostenible como la recuperación de energía).
    - Ventanilla única para las empresas que buscan información sobre modelos de negocio circulares y sobre la normativa y la legislación.
    - Plataforma para compartir ejemplos específicos de casos de éxito y fracasos en modelos de negocio circulares.
    - Espacios para experimentar y compartir resultados.
    - Servicios de pre-incubación para garantizar que los empresarios tengan una oportunidad razonable de éxito y viveros de empresas para fomentar el intercambio de conocimientos y las pruebas piloto.
    - Creación de comunidades para facilitar el aprendizaje entre iguales.

- Establecer una colaboración con la Cámara de Comercio de Valladolid para servicios de consultoría, formación y programas de tutoría ad-hoc.
- Explorar formas de reducir las cargas burocráticas para las empresas circulares y de nueva creación.

Reforzar el intercambio de experiencias con las ciudades vecinas

La ciudad de Valladolid participa en varios proyectos internacionales que permiten el intercambio con ciudades europeas. Participar en redes de ciudades relacionadas con la economía circular y aprender de otras ciudades puede ser una importante fuente de inspiración para Valladolid. Esto incluiría acciones específicas (por ejemplo, sistema de devolución de botellas de plástico, recogida puerta a puerta) y el desarrollo de capacidades, formación, e iniciativas de comunicación. Podría crearse una red de ciudades vecinas para investigar el potencial de las actividades de economía circular en la zona, en la que Valladolid podría desempeñar un papel destacado, dada su experiencia.

Acciones clave:

- Crear espacios de diálogo e intercambio de experiencias, potenciando las acciones comunes y los procesos de aprendizaje dentro del área metropolitana. Estas iniciativas podrían incluir:
    - Eventos y talleres para intercambiar historias de éxito, buenas prácticas y obstáculos.
    - Asociaciones temáticas que promueven acciones comunes entre las ciudades del área metropolitana y dentro de la región, donde Valladolid puede tomar un papel de liderazgo, habiendo avanzado en una serie de iniciativas de economía circular.
- Reforzar el diálogo sobre la economía circular con la Diputación Provincial y la Federación de Municipios y Provincias.
- Participar activamente en redes de ciudades relacionadas con la economía circular, compartiendo conocimientos y aprendiendo de otras ciudades (a nivel regional, nacional e internacional).
- Seguir y participar en eventos relacionados con la economía circular en las ciudades.

Habilitar las condiciones económicas y de gobernanza para la adopción de la economía circular

La aplicación de la economía circular implica la creación de las condiciones económicas y de gobernanza necesarias. Por ello, el gobierno de la ciudad podría adoptar las acciones que se detallan en la siguiente sección.

Identificar los instrumentos normativos que deben adaptarse para fomentar la transición a una economía circular

Esto incluye investigar qué instrumentos pueden utilizarse a nivel local para permitir la transición a la economía circular y los que necesitan coordinación con otros niveles de gobierno. Los instrumentos reguladores incluyen: requisitos específicos para el uso del suelo, permisos medioambientales (por ejemplo, para sistemas descentralizados de agua, residuos y energía), regulación para los proyectos piloto y la experimentación. Por ejemplo, en los Países Bajos, se espera que el marco jurídico y normativo a nivel local y regional se adapte a la Estrategia Nacional de Economía Circular (OCDE, de próxima publicación[5]).

Acciones clave:

- Identificar las herramientas reguladoras disponibles (por ejemplo, uso del suelo, planificación urbana, permisos medioambientales, plan de residuos) que pueden permitir la transición a una economía circular ahora y en el futuro.
- Identificar las lagunas y los obstáculos normativos, que pueden ir más allá del ámbito local según la competencia de otros niveles de gobierno.
- Identificar plataformas de diálogo en las que el gobierno local pueda intercambiar con el regional y el nacional sobre posibles obstáculos regulatorios que no puedan ser tratados a nivel local, así como sobre instrumentos regulatorios que puedan fomentar las prácticas circulares.
- Asesorar a las empresas sobre la legislación relacionada con la economía circular.
- Identificar las oportunidades para establecer requisitos específicos sobre el uso de la energía, las necesidades de agua, la demolición y la construcción circular.

Identificar las herramientas fiscales y económicas para la economía circular

Existen varias herramientas fiscales y económicas que la ciudad de Valladolid podría considerar aplicar para impulsar la economía circular. Se trata de impuestos locales, bonificaciones fiscales, incentivos, etc. Estas herramientas pueden incentivar o desincentivar los comportamientos hacia la economía circular, como el aumento de la recogida selectiva de residuos. Las acciones también pueden mejorar el acceso a la financiación de los proyectos de economía circular en las fases de inicio, ejecución y ampliación. Algunas experiencias internacionales son: el sistema DIFTAR del Gobierno neerlandés es un sistema basado en tarifas diferenciadas para incentivar la mejora de la separación de residuos en origen (*pay-as-you-throw* [pagar-por-tirar]); reducciones del IVA para las empresas que trabajan en proyectos de economía circular en Shanghai (China) y para los artículos reutilizados (Suecia); descuentos en las tasas de residuos para las empresas en Milán (Italia) y San Francisco (Estados Unidos).

Acciones clave:

- Trazar las medidas que la ciudad puede adoptar en función de sus competencias fiscales. Se han identificado una serie de herramientas fiscales a partir de las prácticas internacionales, como:
    - Impuesto sobre bienes inmuebles en función del consumo energético de los edificios.
    - Impuesto de sociedades (por ejemplo, basado en el nivel de generación de residuos, el consumo de agua y energía, el uso de materiales reciclados como materia prima).
    - Reducción del IVA en los productos etiquetados como circulares (por ejemplo, fáciles de reciclar y reutilizar, de proximidad).
    - Reducciones fiscales para los materiales de segunda mano.
    - Descuento en las tasas de residuos según criterios preseleccionados.
    - Tasas diferenciadas para la separación y el reciclaje de residuos (por ejemplo, enfoque de pagar por lo que se tira).
- Explorar la posibilidad de actualizar las herramientas económicas municipales (por ejemplo, subvenciones) para fomentar un modelo local de economía circular.

Reforzar el papel de la Agencia de Innovación y Desarrollo Económico

La Agencia de Innovación y Desarrollo Económico debería reforzar su papel como actor clave para la economía circular en el municipio y coordinador entre los departamentos municipales. Es importante que las partes interesadas identifiquen una entidad responsable - que coordine, organice y supervise la interacción entre las partes interesadas que participan en las actividades de creación de redes y la comunidad de la economía circular en la ciudad.

Acciones clave:

- Establecer funciones y responsabilidades claras dentro de la agencia en coordinación con los departamentos municipales.
- Dirigir el proceso de cocreación de la estrategia de economía circular de Valladolid (por ejemplo, organizando reuniones, comprometiéndose con las partes interesadas, definiendo los pasos necesarios para desarrollar la estrategia, etc.).
- Realizar actividades de marketing, aumentar la publicidad y mejorar la comunicación con los ciudadanos y las empresas (por ejemplo, organizando conferencias y charlas circulares).
- Participar en redes centradas en la economía circular.
- Incorporar la economía circular a las responsabilidades formales de la agencia.
- Crear un equipo específico encargado de los temas relacionados con la economía circular.
- Adecuar las necesidades a los recursos (financieros, técnicos y humanos).
- Evaluar periódicamente la actividad de la agencia y mejorarla según convenga.
- Establecer asociaciones y colaboración con otros socios institucionales, según proceda.

Implementar la contratación pública verde

La contratación pública verde (CPV) es una herramienta fundamental para que las ciudades fomenten la transición circular, reduciendo los impactos ambientales de las compras públicas a nivel de la ciudad. La CPV debe promover la ecoeficiencia, el diseño ecológico y el consumo colaborativo. Por ejemplo, la ciudad de Liubliana (Lituania) incluyó requisitos medioambientales en sus licitaciones; la ciudad de París (Francia) adoptó un sistema de contratación pública responsable; la ciudad de Toronto (Canadá) estableció un Plan y Marco de Implementación para la Contratación Pública en la Economía Circular para utilizar su poder adquisitivo como motor en la reducción de residuos, el crecimiento económico y la prosperidad social (City of Toronto, 2018[13]).

Acciones clave:

- Incluir los principios circulares en las especificaciones técnicas, los criterios de selección y adjudicación de contratos, así como en las cláusulas de ejecución de los mismos (por ejemplo, reutilización, durabilidad, reparabilidad, productos de segunda mano o refabricados).
- Adaptar el sistema de evaluación de la contratación pública, aumentando el valor de las calificaciones sociales y medioambientales en comparación con los criterios de precio.
- Establecer requisitos claros en las licitaciones para fomentar el cambio de materiales, la calidad y el mantenimiento (por ejemplo, utilizar materiales secundarios en los bienes adquiridos públicamente).
- Aplicar el análisis del ciclo de vida y desarrollar criterios para evaluar el ciclo de vida de los activos utilizados por cada servicio municipal, y utilizarlos para realizar el análisis de las infraestructuras, las soluciones y los proveedores para fomentar soluciones más sostenibles en los servicios municipales.
- Proporcionar formación al personal de las instituciones públicas responsable de la inclusión de los criterios circulares en los pliegos de condiciones.

Desarrollar programas de formación sobre la economía circular

El objetivo de esta recomendación es proporcionar a los emprendedores y empleados conocimientos y herramientas más profundos para tener éxito en sus proyectos circulares, al tiempo que se mejoran los conocimientos para desarrollar actividades circulares. Esto podría hacerse en cooperación con la Cámara de Comercio para crear capacidades entre los emprendedores y los gestores de pequeñas negocios y concienciar sobre el potencial de la economía circular y los nuevos modelos de negocio. Por ejemplo, la Cámara de Comercio de Glasgow (Reino Unido) ofrece programas de creación de capacidades para las empresas que pretenden pasar a una economía circular (Zero Waste Scotland, 2019[23]).

Acciones clave:

- Colaborar con las asociaciones empresariales, los sindicatos y la Cámara de Comercio de Valladolid, para cocrear programas conjuntos de formación para emprendedores y trabajadores, para impulsar la economía circular y los nuevos modelos de negocio.
- Identificar los programas de formación y educación existentes a nivel universitario o llevados a cabo por centros de investigación y fundaciones para establecer posibles sinergias y proporcionar apoyo si es necesario.

Permitir iniciativas a pequeña escala

Identificar lugares, zonas y comunidades que experimenten y compartan herramientas entre los vecinos para desarrollar iniciativas a pequeña escala puede ser un primer paso para fomentar el cambio de cultura a nivel local, probar la viabilidad de las iniciativas circulares con un menor riesgo, estimular la creación de nuevas ideas y modelos de negocio circulares y compartir el conocimiento sobre las prácticas de la economía circular. El proyecto desarrollado en el barrio de La Victoria puede servir de ejemplo para este tipo de iniciativas (Recuadro 2.5). Desde 2010 en París, Francia, el Urban Lab ha acompañado más de 200 experimentos y ha consolidado una metodología para apoyar la experimentación efectiva en 4 etapas principales: i) la definición del proyecto experimental y su evaluación; ii) la búsqueda del sitio experimental; iii) el despliegue de la experimentación; y iv) la valoración y la transformación. Para facilitar el acceso a estos lugares de experimentación, el Urban Lab trabaja desde hace 10 años en el desarrollo de un marco jurídico al que las empresas de nueva creación (*start-ups*) pueden referirse para el desarrollo de sus proyectos (por ejemplo, un modelo de acuerdo para el uso de espacios de titularidad pública por un periodo de tiempo determinado) (Urban Lab, 2019[24]).

Acciones clave:

- Explorar e identificar lugares para implementar y pilotar iniciativas a nivel de barrio, como por ejemplo:
  - Proyectos piloto para alcanzar los objetivos de separación de residuos, sistemas de recogida puerta a puerta, reducción de residuos alimentarios y reducción de la producción de residuos (por ejemplo, contenedores inteligentes).
  - Soluciones digitales para reducir el consumo de agua y energía y el reciclaje de agua en edificios públicos y actividades comerciales.
  - Nuevos modelos de negocio, potenciando la prevención de residuos, reduciendo el consumo de recursos y fomentando el consumo local. Esto podría lograrse con:
    - La promoción de la economía colaborativa (por ejemplo, para el uso de herramientas y equipos).
    - El fomento de la compra de productos locales.

- El fomento de los servicios de refabricación, reacondicionamiento y reparación en 3D (por ejemplo, de equipos informáticos, textiles y muebles).
- La promoción de la reutilización (por ejemplo, mercados de segunda mano, intercambio de materiales y bienes).

Reforzar la eficacia de las subvenciones municipales relacionadas con la economía circular

Si bien las subvenciones municipales para la economía circular han estimulado el espíritu empresarial en la economía circular en la ciudad, pueden considerarse algunas mejoras para aumentar la eficacia de los fondos. Al mismo tiempo, podrían explorarse fuentes de financiación alternativas más allá de las subvenciones municipales. Algunos ejemplos de prácticas internacionales son los fondos rotatorios y los planes de financiación en cooperación con instituciones financieras privadas y semipúblicas (por ejemplo, bancos, fondos empresariales) (Recuadro 2.3).

Acciones clave:

- Identificar y actualizar un conjunto de criterios que puedan ayudar a seleccionar los proyectos, basándose en convocatorias anteriores, y evaluar las propuestas recibidas en función de la "escalabilidad" de cada proyecto.
- Distinguir entre los solicitantes, ya que las organizaciones del sector privado y las de sin ánimo de lucro tienen diferentes medios, recursos y alcance y, por lo tanto, pueden ser evaluadas sobre la base de criterios específicos.
- Supervisar y evaluar los impactos logrados por los proyectos financiados y el tipo de beneficios colectivos conseguidos, por ejemplo, en términos sociales y medioambientales.
- Compartir información sobre las otras oportunidades de financiación una vez finalizada la subvención. Las opciones posibles podrían ser: créditos blandos, fuentes de financiación alternativas y no bancarias, crowdfunding, préstamos entre iguales, redes de business angels y capital riesgo.
- Considerar la posibilidad de aplicar auditorías externas a los proyectos.

Desarrollar un marco de seguimiento y evaluación

Identificar el grado de "circularidad" de la ciudad, lo que funciona, lo que no y lo que puede mejorarse es importante para avanzar hacia la transición a una economía circular. El marco de indicadores de la OCDE sobre la economía circular en las ciudades y regiones puede contribuir a ello. Estos indicadores propuestos por la OCDE podrían sumarse a los 16 indicadores de sostenibilidad existentes que la ciudad ha definido en 2016 en relación con la calidad de vida, la movilidad, la calidad del aire y la contaminación (Agenda 21, 2016[25]). Los indicadores de la OCDE propuestos para la evaluación de la estrategia de economía circular en las ciudades y regiones se detallan en Recuadro 3.3.

Acciones clave:

- Identificar los indicadores y datos disponibles para el seguimiento de los avances y la evaluación de los resultados de la estrategia de economía circular, como los propuestos por la OCDE (de próxima aparición[5]).
- Repetir la evaluación cada año.

Recuadro 3.3. El marco de indicadores de la economía circular propuesto por la OCDE para ciudades y regiones

El marco de indicadores de la economía circular propuesto por la OCDE para las ciudades y regiones consiste en una autoevaluación de las condiciones clave de gobernanza para evaluar el nivel de avance hacia una economía circular en las ciudades y regiones. Se compone de 10 dimensiones clave, cuya aplicación los gobiernos y las partes interesadas pueden evaluar sobre la base de un sistema de puntuación, indicando el nivel de aplicación de cada dimensión (Principiante, En curso y Avanzado).

Tabla 3.3. Marco de indicadores de la economía circular de la OCDE para ciudades y regiones

	Nivel de avance		
	Principiante	En curso	Avanzado
Marco de la economía circular	La ciudad/región tiene previsto desarrollar una estrategia de economía circular, pero aún no ha comenzado.	La estrategia de economía circular está en desarrollo.	Existencia de una estrategia de economía circular con objetivos y prioridades específicas, acciones, sectores y un marco de seguimiento.
Mecanismos de coordinación	No existen mecanismos de coordinación, pero se están desarrollando.	Existencia de diálogos en todos los niveles de gobierno, pero no centrados en la economía circular.	Los mecanismos de coordinación entre niveles de gobierno para establecer y aplicar una estrategia o iniciativa de economía circular están bien establecidos y funcionan.
Coherencia entre políticas	Las iniciativas de economía circular aún no están alineadas con otros ámbitos políticos relacionados (por ejemplo, el cambio climático, el desarrollo sostenible y la calidad del aire).	Las iniciativas de economía circular están alineadas con algunos ámbitos políticos específicos relacionados (por ejemplo, el cambio climático, el desarrollo sostenible y la calidad del aire), pero siguen estando fragmentadas.	Existencia de una coherencia política global entre las iniciativas de economía circular y los ámbitos políticos relacionados (por ejemplo, el cambio climático, el desarrollo sostenible y la calidad del aire).
Economía y finanzas	No hay instrumentos financieros actuales, pero están previstos.	Existencia de un presupuesto dedicado al gasto medioambiental que se prevé utilizar también para proyectos de economía circular.	Existencia de un programa de financiación e incentivos económicos para proyectos de economía circular con objetivos específicos, sectores prioritarios y un marco de seguimiento de los resultados.
Innovación	No hay espacios para pruebas y proyectos piloto, pero está previsto.	Está en desarrollo el diseño de espacios para pruebas y proyectos piloto de economía circular	Existencia de espacios para pruebas y proyectos piloto de economía circular.
Compromiso de las partes interesadas	Existencia de una iniciativa para el mapeo de los actores más relevantes de la ciudad/región.	Existencia de un diálogo con las partes interesadas para el diseño y la aplicación de la estrategia de economía circular.	Existencia de espacios de participación de las partes interesadas a través de los cuales se utilizan las aportaciones para el diseño y la aplicación de las estrategias circulares.
Desarrollo de capacidades	Existencia de programas de desarrollo de capacidades en materia de economía verde y sostenible.	Existencia de programas de desarrollo de capacidades para las actividades relacionadas con el diseño, el establecimiento y la aplicación de una iniciativa de economía circular.	Programas regulares de desarrollo de capacidades para las actividades relacionadas con el diseño, el establecimiento, la aplicación y el seguimiento de la estrategia de economía circular.
Contratación pública verde	Se está desarrollando la contratación pública verde.	Existencia de un modelo de contratación ecológica que incluya criterios medioambientales (por ejemplo, reducción de las emisiones de CO_2).	Existencia de un marco de contratación pública circular (por ejemplo, desviación de residuos de las actividades de contratación, materias primas evitadas y porcentaje de contenido reciclado).
Datos e información	Identificación de datos sobre la gestión de residuos y campañas de información para prevenir la	Existencia de datos sobre la gestión de residuos y campañas de información sobre la economía	Existencia de un sistema de información sobre la economía circular. Los datos están disponibles

	generación de residuos.	circular.	públicamente y los ciudadanos y las empresas están informados de las oportunidades relacionadas con los modelos y comportamientos empresariales circulares.
Seguimiento y evaluación	No existe un marco de seguimiento ni de evaluación.	Existencia de un marco de seguimiento y evaluación que incluya los aspectos medioambientales.	Existencia de un marco de seguimiento y evaluación que incluya los aspectos medioambientales, económicos y sociales.

Según la autoevaluación, la ciudad/región identificará su propio nivel de avance hacia la transición a una economía circular, identificará las carencias y establecerá sus propios objetivos de mejora. La metodología para la autoevaluación consiste en un sistema de puntuación que puede indicar el nivel de avance de las ciudades y regiones circulares hacia la transición. Se están desarrollando sub-indicadores para especificar mejor cada dimensión y se pondrán a prueba en los estudios de caso del Programa de la OCDE sobre la Economía Circular en Ciudades y Regiones.

Fuente: OECD (forthcoming[5]), *The Circular Economy in Cities and Regions*, Synthesis Report, OECD Publishing, Paris.

Referencias

Agenda 21 (2016), *Sustainability Indicators*, Valladolid's Local Agenda 21. [25]

Amsterdam Made (2019), *Homepage*, http://www.amsterdammade.org/en/ (accessed on 6 June 2019). [19]

Circle Economy/EHERO (2018), *Circular Jobs and Skills in the Amsterdam Metropolitan Area*, https://assets.website-files.com/5d26d80e8836af7216ed124d/5d26d80e8836af6ddeed12a2_Circle%20Economy%20-%20Circular%20Jobs%20and%20Skills%20in%20the%20Amsterdam%20Metropolitan%20Area.pdf (accessed on 5 February 2020). [12]

Circular Economy Club (2019), *Renting lighting: Schiphol Airport*, https://www.circulareconomyclub.com/solutions/renting-lighting-schiphol-airport/ (accessed on 21 February 2020). [14]

Circular Metabolism (2017), *The Circular Economy Plan of Paris*, https://www.circularmetabolism.com/input/11 (accessed on 3 December 2019). [1]

City of Paris (2019), *Quantifier les emplois de l'"économie circulaire de Paris - Synthèse*. [10]

City of Toronto (2018), *Circular Economy Procurement Implementation Plan and Framework*, https://www.toronto.ca/legdocs/mmis/2018/gm/bgrd/backgroundfile-115664.pdf. [13]

City of Toronto (2018), *Circular Economy Procurement Implementation Plan and Framework*. [28]

EC (2016), *Circular Economy Package: Four Legislative Proposals on Waste*, European Commission. [8]

French Government (2018), *50 Measures for a 100% Circular Economy*, http://www.ecologique-solidaire.gouv.fr/sites/default/files/FREC%20-%20EN.pdf (accessed on 6 June 2019). [18]

HQE-GBC (2019), *Circular Economy for HQE Sustainable Construction*. [21]

ILO (2018), *World Employment and Social Outlook 2018 – Greening with jobs*, International Labour Organization, http://www.ilo.org/publns (accessed on 29 January 2020). [9]

ILO (2018), *World Employment and Social Outlook 2018 – Greening with Jobs*, International Labour Organization, http://www.ilo.org/publns (accessed on 21 February 2020). [7]

LIPOR (2018), *Circular Economy Framework Monitoring Report*, https://lipor.pt/pt/a-lipor/o-negocio/economia-circular-residuo-como-recurso/. [4]

London Waste and Recycling Board (2017), *London's Circular Economy Route Map*, http://www.lwarb.gov.uk/wp-content/uploads/2015/04/LWARB-London%E2%80%99s-CE-route-map_16.6.17a_singlepages_sml.pdf (accessed on 5 August 2019). [16]

LWARB (2017), *Employment and the Circular Economy: Job Creation through Resource Efficiency in London*, http://www.wrap.org.uk (accessed on 29 January 2020). [11]

Mairie de Paris (2015), *White Paper on the Circular Economy of Greater Paris*, https://api-site.paris.fr/images/77050 (accessed on 11 June 2019). [17]

Morley, A., E. Looi and C. Zhao (2018), *Measuring the Circular Economy: Developing an Indicator Set for Opportunity Peterborough*. [2]

OECD (2015), *Stakeholder Engagement for Inclusive Water Governance*, OECD Studies on Water, OECD Publishing, Paris, https://dx.doi.org/10.1787/9789264231122-en. [6]

OECD (forthcoming), *The Circular Economy in Cities and Regions*, Synthesis Report, OECD Publishing, Paris. [5]

Organi Trust (2019), *Circular Economy and Organic Certification*, https://organitrust.org/ (accessed on 11 June 2019). [20]

Organising Committee of the Olympic and Paralympic Games Tokyo 2020 (2018), *Tokyo 2020 Olympic and Paralympic Games Sustainability Plan Version 2 (Draft)*. [15]

Region of Brussels (2016), *Brussels Region Regional Programme for the Circular Economy 2016-20*, https://www.circulareconomy.brussels/a-propos/le-prec/?lang=en (accessed on 21 February 2020). [22]

Umeå Municipality (2018), *EGCA 2018, Umeå, Sweden 7. Waste Production and Management 7A. Present Situation*. [26]

Urban Lab (2019), *Pourquoi l'Urban Lab ?*, https://urbanlab.parisandco.paris/Notre-offre/Pourquoi-l-Urban-Lab (accessed on 13 February 2020). [24]

Valladolid Municipality (2019), *Convocatoria pública de concesión de subvenciones para proyectos de fomento de economía circular y ecoinnovación y ecodiseño en el municipio de Valladolid en el Año 2019*. [27]

Vercalsteren, A., M. Christis and V. Van Hoof (2018), *Indicators for a Circular Economy*, Circular Flanders, https://vlaanderen-circulair.be/src/Frontend/Files/userfiles/files/Summa%20-%20Indicators%20for%20a%20Circular%20Economy.pdf. [3]

Zero Waste Scotland (2019), *Circular Economy in Cities and Regions*, https://www.zerowastescotland.org.uk/circular-economy/cities-and-regions (accessed on 6 November 2019). [23]

Anexo A. Proyectos adjudicados de economía circular en 2017 y 2018

Sector	Institución	Proyecto	Descripción	Año
Energía alternativa	Cooperativa "Energética"	KitSol	Desarrollo de un prototipo de kit solar fotovoltaico portátil por la Cooperativa "Energética".	2017
	Asociación Española de Valorización Energética de la Biomasa (AVEBIOM)	Bioenergía	Promoción del uso de la bioenergía como fuente de energía sostenible y renovable en Valladolid. El proyecto proporciona las claves para el cumplimiento de la legislación y difunde información sobre las tendencias del mercado energético.	2017
Bioeconomía	Guillermo Puerta Galván	Rescate de sabores y conocimientos. Una vuelta al origen.	Estudio sobre el potencial de producción y consumo local de variedades tradicionales de hortalizas.	2018
	Trovant Technology	Obtención de biofertilizantes a partir de residuos agrícolas	Evaluación de la viabilidad de la obtención de biofertilizantes mediante el proceso de compostaje a partir de estiércol de oveja.	2018
	UVE	ECOCIPienso, Economía circular en la fabricación de alimentos para animales	Modelo productivo en la industria agroalimentaria basado en los principios de la economía circular. Permite reducir el consumo y la dependencia de nuevos recursos naturales fuera del municipio y de la región. El proyecto pretende poner en valor los residuos orgánicos, agroalimentarios y plásticos, y convertirlos en recursos para otras industrias.	2018
Certificaciones y etiquetas	EDUCA Asociación de Empresarios y Profesionales de Valladolid	Sello comercial circular	Desarrollo de un sello que certifique a las empresas que llevan a cabo procesos de economía circular.	2018
Participación ciudadana	Belén Muñoz García	ValladolidColabora.com	Creación de una plataforma online para la colaboración ciudadana. Los ciudadanos pueden enviar sugerencias y quejas al ayuntamiento a través de la plataforma.	2017
Diseño ecológico	ABSOTEC, Absorción acústica	Diseño ecológico de soluciones acústicas (ecoacústica)	Rediseño de productos y soluciones acústicas con el menor desperdicio de material.	2018
	Agrupación Empresarial Innovadora para la Construcción Eficiente (AEICE)	HabitARTE	Concurso de diseño ecológico de elementos de equipamiento de edificios de uso colectivo.	2018
	Instituto de Fomento y Formación para el Desarrollo (INFODEF)	Sector artesanal de la CE	Introducción del ecodiseño en el sector artesanal. Formación de profesores de artesanía para que puedan introducir contenidos de ecodiseño en sus planes de estudio.	2017
	Saúl Alonso Pérez	CIC/LOC	Desarrollo de un prototipo de aparcamiento seguro para bicicletas siguiendo los parámetros del ecodiseño.	2018
	Sexmo de Óvilo	Laboratorio EcoCONTAINER	Centro de desarrollo e innovación de prototipos de envases biodegradables para facilitar la distribución a los microproductores locales en los mercados online y minoristas.	2018
Gestión de la energía	BEFESA Aluminio	Utilización de la energía como combustible de una corriente	Uso de hidrógeno recuperado como combustible alternativo al gas natural (reducción del 20%) y para	2018

Sector	Institución	Proyecto	Descripción	Año
		secundaria de hidrógeno obtenida en el proceso de recuperación de escorias salinas.	evitar las emisiones de CO2 al año.	
Sector de la hostelería	Ingeniería Vallisoletana de Hostelería	Recuperación de materiales de equipos de hostelería para su venta.	Fomento de la conexión entre el sector de la hostelería y diversas industrias para implementar soluciones innovadoras en la recuperación de material de los equipos de hostelería para su venta.	2018
	Ingeniería Vallisoletana de Hostelería	Alquiler de equipos y maquinaria para el sector de la hostelería.	Prestación de un servicio de alquiler a empresas del sector de la hostelería y la restauración que permite mantener los equipos durante más tiempo en uso, ofreciendo precios más competitivos y minimizando la reducción de residuos.	2018
Movilidad	José Ignacio Alonso Meneses	Convertir las bicicletas convencionales en bicicletas con asistencia eléctrica.	Instalación de motores eléctricos en bicicletas convencionales como medio de transporte urbano.	2018
	Sexmo de Óvilo	M.A.E. Movilidad Asistida EcoTURÍSTICA	Creación de un nuevo servicio de transporte público turístico, promocionando los centros de producción artesanal y ecológica, ofreciendo rutas y excursiones para minigrupos con una guía sobre vehículos eléctricos.	2018
Investigación, formación y sensibilización	Laboratorio de impresión 3D Kirolab	Impresión 3D	Uso de plásticos reciclados para los procesos de impresión 3D.	2017
	Alpha Syltec Engineering	AR Vacircular	Aplicación de la Realidad Aumentada (RA) para promover la formación ciudadana en economía circular a través de aplicaciones móviles, que mezclarán elementos reales y virtuales.	2018
	BEFESA Aluminio	Estudio y mejora de la calidad de las sales fundentes recuperadas del proceso de valorización de las escorias salinas.	El proceso de valorización permite la recuperación de las sales, devolviéndolas a las fundiciones de aluminio secundario y constituyendo así un ciclo cerrado que evita la adición de sales comerciales de origen mineral y genera un menor consumo energético.	2018
	Business Project Management Solutions and Technologies	Proyectos exitosos de economía circular - PECExit	Formación en gestión de proyectos para aumentar las probabilidades de éxito del proyecto y promover el uso eficiente de los recursos.	2018
	Digitel on Trusted Services	Plataforma Blockchain para la movilidad sostenible	Estudio de investigación para crear una plataforma blockchain para mejorar la calidad del aire a través de la movilidad sostenible.	2018
	EDUCA Asociación de Empresarios y Profesionales de Valladolid	Auditoría Educa	Estudio sobre la economía circular en el sector empresarial de Valladolid. El objetivo del estudio es ofrecer orientación a las empresas en su transición circular. La institución está trabajando en la creación de una certificación circular y un código de buenas prácticas.	2017
	EFI HYGIENE	Establecimientos 100% sostenibles con productos de limpieza de la cuna a la cuna	Formación, difusión y aplicación de productos de limpieza con certificación "cradle-to-cradle".	2018
Investigación, formación y sensibilización	EMPRENDENEXT	Fin de semana circular	El Fin de Semana Circular reúne a start-ups y proyectos locales que participan en talleres y asesoramiento. Se organizan sesiones de tutoría posteriores al evento para los mejores proyectos e ideas.	2017
	EMPRENDENEXT	Fin de semana circular	Difusión de metodologías de trabajo en la economía circular. Los participantes aprenden a poner en marcha ideas circulares, a convertir los modelos de negocio existentes en circulares y a entrar en contacto con actores de diversos sectores.	2018
	Enviroo	ValladolidEScircular	Elaboración del informe ValladolidEScircular. El documento identificó los 11 sectores de Valladolid con más potencial para la economía circular.	2017
	Federación de	Cultura Circular	Organización de campañas de concienciación	2017

Sector	Institución	Proyecto	Descripción	Año
	Asociaciones de Vecinos de Valladolid "Antonio Machado"		ciudadana hacia modelos de consumo sostenibles, también para las escuelas.	
	Federación de Asociaciones de Vecinos de Valladolid "Antonio Machado"	Hogar Circular	Desarrollo de un módulo de cocina itinerante que puede instalarse en espacios públicos. Su objetivo es concienciar sobre las prácticas de cocina circular que se pueden aplicar en cualquier cocina de forma cotidiana.	2017
	Agrupación Empresarial Innovadora para la Construcción Eficiente (AEICE)	ECO Circular	Actividades de desarrollo de capacidades sobre la economía circular para las asociaciones laborales.	2017
Comercio minorista y fabricación	Aromas y Esencias del Páramo	Esencias de Valladolid	Valorización de los residuos de lavanda urbana para obtener aceite esencial. El aceite se utiliza como recurso para producir jabón de manos y los residuos se utilizan como fertilizante-abono para los jardines.	2018
	ARTENCANAL	Sonido Sofar	Organización de conciertos en espacios "circulares" creados con materiales recuperados.	2017
	Sistemas de Biotecnología y Recursos Naturales	Lanaland	Desarrollo de un proyecto modelo de cubiertas vegetales hechas con lana de oveja.	2017
	Agrupación Empresarial Innovadora para la Construcción Eficiente (AEICE)	Ecocivil	Introducción de los áridos reciclados en el sector de la construcción.	2017
	Luis Miguel Benito Fraile (NEMORIS)	Envases de vino reutilizables	Estudio de investigación que patentó dos prototipos de cajas de botellas de vino que pueden reutilizarse sin fabricación intermedia como cajas nido para animales que se alimentan de insectos.	2018
	Consultores de Gestión y Proyectos Tecnológicos (CGPROTEC)	Transformación digital y circular de los quioscos	Estrategia de renovación basada en la reutilización de la red de quioscos que puede contribuir a la reducción de la carbonización debida al transporte de paquetes en las ciudades.	2018
	Club de Piragüismo Cisne de Valladolid	Kayak circular	Cuatro prototipos de kayaks obsoletos para actividades recreativas.	2018
Comercio minorista y fabricación	Ysolkrea S.L.N.E.	Pistacho "Green Beat"	Aplicación de la economía circular a la producción de pistacho. El proyecto pretende desarrollar un producto cosmético a partir de residuos orgánicos de pistacho.	2017
	Ysolkrea S.L.N.E.	Desarrollo de un producto cosmético a partir de residuos orgánicos de pistacho.	Identificación de las propiedades más adecuadas del pistacho para la fabricación de productos cosméticos ecoinnovadores.	2018
Gestión de residuos	Laboratorio de impresión 3D Kirolab	Replastic 3D	Introducción de materiales plásticos reciclados y diseño de nuevos productos reciclados.	2018
	ARTENCANAL	Recristal	Elaboración de un protocolo de actuación para la reutilización de carpintería de aluminio antigua.	2017
	Sistemas Biotecnológicos Recursos Natur	Compostero viajero	Extensión de la práctica del compostaje de residuos orgánicos en las escuelas y las casas.	2018
	Sistemas Biotecnológicos Recursos Natur	Reciclaje de residuos de la industria alimentaria	Reutilización de residuos de la industria alimentaria, salvado de trigo y melaza de la industria azucarera.	2018
	Gestión Iintegral DYJ (David Herrador Fernández)	Micro Reciclando	Creación de un sistema transportable de microrreciclaje operativo para el reciclaje de plásticos, compuesto por cuatro máquinas y realización de jornadas de demostración.	2018
	Asociación de Empresarios y	Plataforma de buenas prácticas	Plataforma web de intercambio de experiencias entre empresas comprometidas con los modelos de	2018

Sector	Institución	Proyecto	Descripción	Año
	Profesionales de Valladolid EDUCA		producción circular, conectándolas con los productores de residuos para utilizarlos como materia prima.	
	Juan Antonio Medina Cuaresma (Buteo Iniciativas Ambientales)	Madera que reVIVE	Utilización de residuos de madera para crear refugios de biodiversidad para aves, insectos y murciélagos, fomentando el conocimiento de la biodiversidad urbana.	2017
	Paraje Innovación y Consultoría	Fungyble	Desarrollo de un sistema de generación de materiales biodegradables como alternativa al poliestireno expandido.	2017
	RDNEST	Sterling	Solución para la recogida selectiva de residuos que permite medir el nivel de llenado de los contenedores, identificar al usuario y reconocer su crédito por haber utilizado los contenedores.	2018
	SANDACH El Campillo	SANDACH El Campillo	SANDACH significa Subproductos animales no destinados al consumo humano. Se basa en un sistema de recogida y separación de subproductos animales no destinados al consumo humano en el mercado de Campillo.	2017
	Villarramiel Asesores	Recuperación y transformación de residuos orgánicos	Creación de un nuevo modelo de negocio basado en la recogida de los residuos generados por los bares y restaurantes de la ciudad, el tratamiento de los mismos y su transformación en materiales susceptibles de ser vendidos.	2018
Gestión del agua	I-CATALIST	Proyecto IMPLUVIUM	Diseño de un sistema de recogida de aguas pluviales en edificios. Reutilización del agua para el riego de los jardines urbanos y de colegios.	2017
	I-CATALIST	Proyecto IMPLUVIUM	Desarrollo de un sistema que mitiga el riesgo de inundación en un colegio público, así como la incorporación de un sistema de recogida de aguas pluviales para el riego del huerto escolar existente. El proyecto forma parte del Proyecto IMPLUVIUM subvencionado en 2017.	2018
	I-CATALIST	Cerrando el Círculo: Innovando en verde y azul	Desarrollo de un juego de mesa para estudiantes, basado en la implementación de diferentes soluciones relacionadas con el medio ambiente (estructurales y no estructurales) y en el Ciclo del Agua de Valladolid. El objetivo es sensibilizar sobre los beneficios que la infraestructura verde puede aportar a la ciudad a partir de un conjunto de posibles fuentes de financiación y modelos de negocio.	2018
	TE Consulting House 4 Plus	Fangos EDAR	Estudio sobre la viabilidad técnica y económica de los procesos de hidrólisis térmica en la Estación Depuradora de Aguas Residuales (EDAR) de Valladolid. El proyecto pretende aumentar la producción de biogás en un 20% y el uso de abono orgánico de clase A procedente de residuos para la agricultura.	2017
	Trovant Technology	Estudio del potencial de valorización de los lodos de depuradora mediante la codigestión y conversión de bioplásticos.	Evaluación de la viabilidad e impacto de los bioplásticos mediante procesos biológicos a partir de lodos en el contexto de la EDAR de Valladolid.	2018
	Fundación Escuela Universitaria de Ingeniería Agrícola (INEA)	Recarga, envía un mensaje con tu botella.	Una nueva forma y cultura del agua sin plástico en el espacio urbano a través de la puesta en marcha de una red de lugares de llenado con dispensadores gratuitos y/o de pago de agua en gran cantidad.	2018

Fuente: Elaboración propia a partir de Valladolid Municipality, Circular Economy Project Promotion (2017, 2018).

Anexo B. Criterios de evaluación aplicados para seleccionar los proyectos adjudicados en 2019

Criterios de evaluación	Puntuación máxima
1. Promoción del empleo	20

• Generación de nuevos empleos y/o mejora del empleo:
     ○ Por cada nuevo empleo permanente a tiempo completo: 5 puntos.
     ○ Por cada nuevo empleo indefinido a tiempo parcial: 3 puntos.
     ○ Por cada nuevo empleo temporal a tiempo completo: 0,2 puntos por cada mes de contrato.
     ○ Por cada nuevo empleo temporal a tiempo parcial: 0,1 puntos por cada mes de contrato.
     ○ Por la mejora del trabajo: 1,5 puntos.	

2. Aspectos económicos y sociales	12
• Proyectos que contribuyan a la creación de oportunidades de negocio en el municipio de Valladolid, que permitan el desarrollo económico de la ciudad y su entorno contextual, y que sean viables técnica, ambiental y económicamente. • Nivel de simplicidad para la integración del proyecto/actividad propuesto en la cadena de valor de las actividades económicas actuales de Valladolid (por ejemplo, disponibilidad de materias primas, fabricación de productos y sus componentes, reparación, empresas de reciclaje, etc.). • Valoración positiva de la relevancia del carácter social del proyecto (por ejemplo, inserción de trabajadores en riesgo de inclusión, minorías sociales, etc.).	
3. Calidad técnica y/o metodológica	9
• Grado de elaboración, detalle y coherencia del plan de trabajo, calendario y actividades con los objetivos previstos. • Definición de indicadores de rendimiento adecuados y suficientes y de mecanismos de seguimiento y medición para evaluar la eficacia de las medidas propuestas antes y después de su aplicación. • Relación calidad/precio, con una adecuada justificación del presupuesto solicitado para las diferentes actividades. • Potencial de acciones e impacto en el negocio del sector.	
4. Sostenibilidad del medio ambiente	16
• Proyectos que garantizan la maximización de los beneficios medioambientales, expresados en las unidades pertinentes (por ejemplo, minimización de la generación de residuos, emisiones atmosféricas evitadas, ahorro de materias primas, etc.). • Proyectos con un enfoque total o parcial del ciclo de vida del producto: Generación de materias primas, diseño, producción, distribución, consumo, recogida y/o reciclaje. • Valoración positiva de las empresas u organizaciones que disponen de un sistema de gestión medioambiental, sello o distintivo medioambiental, así como de aquellas cuya actividad principal pertenece al sector medioambiental. • Uso de energías renovables: Eficiencia energética, reducción del consumo de recursos, recursos renovables, recursos con bajo impacto ambiental, reducción de emisiones, productos reciclables y/o reutilizables energéticamente. • Desarrollo de acciones basadas en la naturaleza.	
5. Ecoinnovación	8
• Consideración del estado de la técnica de la tecnología o metodología utilizada; Planteamiento del uso de la mejor técnica disponible y de las mejores prácticas medioambientales. • Grado de novedad y potencial para convertirse en una innovación. • Valoración positiva de las entidades con reconocimiento de su carácter innovador.	
6. Diseño ecológico	12
• Productos duraderos, de bajo mantenimiento, intemporales y/o modulares.	

Criterios de evaluación	Puntuación máxima
• Existencia de una etiqueta ecológica, relacionada con los productos potencialmente certificables. Diseño de la estrategia de implantación y certificación. • Información sobre materiales reciclados. • Diseño en 3D. • Estimación de la inversión/beneficios tangibles. • Creación y desarrollo de un prototipo y su validación.	
7. Alcance cuantitativo/cualitativo del impacto • Valoración del alcance de las medidas propuestas en términos cuantitativos o cualitativos (por ejemplo, personas atendidas, facturación estimada, grado de especialización), valorando positivamente los proyectos de mayor alcance. • Evaluación de los impactos sobre la huella hídrica, el consumo de energía, la huella de carbono y la producción de residuos.	7
8. Diversificación de los apoyos • Apoyo a diferentes actividades dentro de las cuatro categorías propuestas en la convocatoria, buscando la diversidad dentro del panorama económico del municipio. • Apoyo a proyectos dentro de los diferentes sectores industriales o de servicios que se consideran prioritarios para el municipio: transporte, bioeconomía, ecoindustria, residuos, agroalimentación, energía, agua y sector público.	8
9. Productos prioritarios • Plásticos y bioplásticos. • Desperdicio de alimentos. • Textil. • Goma.	5

Nota: En caso de empate en las puntuaciones globales, se daría prioridad a la puntuación obtenida en el apartado 1 de los criterios de evaluación (Fomento del empleo). De persistir el empate, se priorizaría la puntuación obtenida en el apartado 4 de los criterios de evaluación (Sostenibilidad Ambiental). Si el empate continúa, se tendría en cuenta la fecha de entrada de la solicitud en el registro (considerando la fecha y la hora).

Fuente: Valladolid Municipality (2019), *Convocatoria pública de concesión de subvenciones para proyectos de fomento de economía circular y ecoinnovación y ecodiseño en el municipio de Valladolid en el Año 2019*.

Anexo C. Lista de las partes interesadas consultadas durante el diálogo sobre la política circular

Institución	Nombre
AEICE (Agrupación Empresarial Innovadora para la Construcción Eficiente)	Enrique Cobreros García
AEICE (Agrupación Empresarial Innovadora `para a Construcción Eficiente)	Carmen Devesa Fernández
Aquavall	José María de Cuenca
AVADECO (Asociación de Comercio de Valladolid)	María Balsa Carrasco
BE Circular/Asociación Provincial de Empresarios de Hostelería de Valladolid/Cultura Circular	Beatriz Quintana
Confederación Vallisoletana de Empresarios (CVE)	Noemí García
Fundación CARTIF	Dolores Hidalgo
Cámara de Comercio, Industria y Servicios de Valladolid	Ana Atienza Pérez
Fundación CIDAUT	Maite Fernández Peña
Asociación CyLog	Cristina Laredo Olivera
Confederación Hidrográfica del Duero (CHD)	Ignacio Rodríguez Muñoz
ECOEMBES - Valladolid/Laboratorio Circular	Alberto Fernández
ECOEMBES - Valladolid/Laboratorio Circular	Isabel Tennenbaum Casado
Ecomarketing/Cultura circular/Pistachos Green Beat	Javier Rodríguez Conte
EDUCA (Asociación de Empresarios y Profesionales de Valladolid)	Maribel Barrante
Cooperativa Energética	Juan Carlos Zamora
Enviroo - Emprendenext	Agustín Valentín-Gamazo Villar
FECOSVA (Federación de Comercio y Servicios de Valladolid y Provincia)	Milagros Aguado Mariscal
FECOSVA (Federación de Comercio y Servicios de Valladolid y Provincia)	Víctor Muñoz
Federación de Asociaciones de Vecinos de Valladolid "Antonio Machado"	Margarita García Álvarez
FOACAL-CEARCAL (Federación de Organizaciones de Artesanos)	Félix Sanz
Unión General de Trabajadores (UGT)	Nuria González Escudero
Escuela Universitaria INEA	Andrés Gómez Diez
Fundación INEA	María Antonia González Varela
Fundación INEA	Dunia Virto González
INFODEF (Instituto de Promoción y Formación para el Desarrollo)	Jesús Boyano Sierra
Instituto de Comercio Exterior (ICEX)	Miguel Ángel Garrido
Fundación INTRAS	Eva Iglesias
Fundación Juan Soñador	David Castro Vega
Michelin	Hugo Ureta Alonso
Ministerio de Transición Ecológica y Reto Demográfico (MITECO)	Carmen Durán Vizán
Fundación Patrimonio Natural (JCYL-FPN) - Castilla y León	Jesús Díez
Fundación Patrimonio Natural (JCYL-FPN) - Castilla y León	Sara Delgado
Colegio Oficial de Ingenieros (COIIM-Valladolid)	Carlos J. Moreno Montero
Asociación Provincial de Hostelería	María José de la Calle
Renault	Mario Cardeñoso
Escuela de Organización Industrial	Eva Curto
Federación Española de Municipios y Provincias (FEMP)	Luis Enrique Mecati Granado

Institución	Nombre
Universidad de Valladolid (UVa)	Gonzalo Parrado Hernando
Ayuntamiento de Valladolid - Agencia de Innovación y Desarrollo Económico	Jesús Gómez Pérez
Ayuntamiento de Valladolid - Agencia de Innovación y Desarrollo Económico	Ana Isabel Page Polo
Ayuntamiento de Valladolid - Agencia de Innovación y Desarrollo Económico	Gloria San José Fernández
Ayuntamiento de Valladolid - Agencia de Innovación y Desarrollo Económico	Alicia Villazán
Municipio de Valladolid - Centro de Conservación	Jesús Briones
Ayuntamiento de Valladolid - Concejalía de Cultura y Turismo (Cultura)	Ana Isabel Boillos Rubio
Ayuntamiento de Valladolid - Departamento de Medio Ambiente y Sostenibilidad (Secretaría Ejecutiva)	Cristina Raymundo
Ayuntamiento de Valladolid - Departamento de Medio Ambiente y Sostenibilidad (Agencia Municipal de la Energía)	María José Ruiz de Villa
Ayuntamiento de Valladolid - Departamento de Medio Ambiente y Desarrollo Sostenible (Residuos)	Javier Ruiz Monge
Ayuntamiento de Valladolid - Concejalía de Innovación, Desarrollo Económico, Empleo y Comercio	Rosa Huertas González
Ayuntamiento de Valladolid - Departamento de Salud y Seguridad (Servicio Municipal de Limpieza)	Andrés Herguedas García
Ayuntamiento de Valladolid - Departamento de Salud y Seguridad	Miguel Sancho
Ayuntamiento de Valladolid - Departamento de Movilidad	Roberto Riol
Ayuntamiento de Valladolid - Departamento de Movilidad	Ignacio Sánchez
Ayuntamiento de Valladolid - Departamento de Espacio Urbano	Francisco Andrés Pérez Nieto
VITARTIS (Agrupación de la Industria Agroalimentaria)	Gema Belén Prieto Jiménez
Comisiones Obreras (CCOO)	Cristina de la Torre
Comisiones Obreras (CCOO)	Gonzalo Franco Blanco